U0631597

初中英语课堂活动设计与实践研究

张锦梅　俞聪妹　唐小燕 ◎ 著

中国出版集团　现代出版社

图书在版编目（CIP）数据

初中英语课堂活动设计与实践研究 / 张锦梅 , 俞聪妹 , 唐小燕著 . -- 北京 : 现代出版社 , 2023.6

ISBN 978-7-5231-0332-6

Ⅰ . ①初… Ⅱ . ①张… ②俞… ③唐… Ⅲ . ①英语课 —课堂教学—教学研究—初中 Ⅳ . ① G633.412

中国国家版本馆 CIP 数据核字 (2023) 第 083436 号

初中英语课堂活动设计与实践研究

作　　者	张锦梅　俞聪妹　唐小燕
责任编辑	田静华
出版发行	现代出版社
地　　址	北京市朝阳区安外安华里 504 号
邮　　编	100011
电　　话	010-64267325　64245264（传真）
网　　址	www.1980xd.com
电子邮箱	xiandai@cnpitc.com.cn
印　　刷	北京四海锦诚印刷技术有限公司
版　　次	2024 年 4 月第 1 版　2024 年 4 月第 1 次印刷
开　　本	185mm×260mm　1 /16
印　　张	10.25
字　　数	233 千字
书　　号	ISBN 978-7-5231-0332-6
定　　价	52.00 元

前　言

　　语言是交流的工具，学习语言的最终目的是运用所学语言表达自己的思想和观点。学好语言就要掌握听、说、读、写四项技能。初中英语教学是系统性地向学生介绍和传递英语知识的开端，同时也是学生进一步提升语言知识和学习策略方法培养的承上启下的关键期。初中英语课堂教学的重点应围绕单词短语、听说写作、语句时态等知识点来开展。初中英语教学既强调学科的基础性，又注重提供给学生多元化的发展需求；既重视学生语言知识的掌握，又关注学生英语综合能力的发展。

　　在当前的教学活动中，我们经常观察到这样的情况：在课堂教学过程中，学生在老师的带领下，一会儿是角色扮演，一会儿是任务汇报，一会儿又是小组讨论……整堂课令人目不暇接，眼花缭乱。从表面来看，课堂气氛活跃，教师组织教学活动的方法多样，学生参与度也高。但是，在教师和学生的精彩表演后，我们是否思考过，在这种课堂教学中教师究竟教给了学生什么，学生究竟学到了什么，这些活动是否真正起到落实教学任务的作用，学生是否真正达成了预期的学习目标。教师对自身的职业期待中排名第一位的就是"提升教育教学技能"，有效教学已经成为当前教学理论和教学实践领域的热点问题。每一位教师都在尽力使自己的课堂更加有效。课堂中的低效或无效现象背后都对应着教师的一个或几个低效或无效的教学行为，因此，确保教学的有效性至关重要。

　　本书是初中英语课堂活动设计与实践研究方向的著作，本书从英语教学与设计介绍入手，针对英语教学、英语课堂活动、英语教学设计、英语教学方法选择与优化进行了分析研究；另外对初中英语课堂活动设计原理、多种类型的初中英语课堂活动设计、多维理念下初中英语课堂活动设计、初中英语课堂活动设计实践做了一定的介绍；还剖析了初中英语课堂管理、多维理念下初中英语课堂活动设计等内容；旨在摸索出一条适合初中英语课堂活动设计与实践的科学道路，帮助其工作者在应用中少走弯路，运用科学方法，提高效率。对初中英语课堂活动设计与实践研究有一定的借鉴意义。

　　另外，笔者在撰写本书时参考了国内外同行的许多著作和文献，在此一并向涉及的作者表示衷心的感谢。由于笔者水平有限，书中难免存在不足之处，恳请笔者批评指正。

目 录

第一章 英语教学与设计

第一节 英语教学

一、英语教学艺术的实质和特征

（一）教学具有艺术的内涵

所谓艺术，一般有三种含义：一是指"技艺""技能"。指的是诸如木工、铁工、外科手术之类的技艺或专门形式的技能。当创造使创造者而且也给观看这一成品的其他人带来了快乐的时候，这种创造便是艺术。二是指富有创造性的工作方式和方法。达到了某些要求的创造性工作便是艺术。当创造使创造者而且也给观看这一成品的其他人带来了快乐的时候，这种创造便是艺术。在这种意义上使用艺术一词是很常见的，如谈话艺术、领导艺术、管理艺术等。三是指用语言、动作、线条、色彩、音响等不同手段构成形象以反映社会生活，并表达作家、艺术家的思想感情的一种社会意识形态。也就是说艺术常常是通过形象化的手段来表达作者思想感情的。如音乐、舞蹈、绘画、雕塑、建筑、文学、戏剧、电影、曲艺等都是艺术的形式。对照上述艺术一词的三种含义，可以肯定地说，教学是具有艺术内涵的。它要求教师具备高超精湛的教书育人的技艺、技能，它是没有或式可套、极富创造性的工作方式，它强调通过语言、动作、音响、图像等形象化手段表达特定的教学内容和教师的思想感情。

（二）教学艺术的实质

教学艺术的实质是指教学艺术区别于其他艺术而能独立存在的内在规定性或根本特点。对教学艺术实质的揭示，有助于我们深化对教学艺术的认识。

人们对教学艺术有着多种不同的理解，大致有如下几种观点。

第一，技巧说，把教学的技能技巧看作教学艺术的本质。如所谓教学艺术即是培养人才的能力取得最佳效果的一整套娴熟的教学技能技巧。

第二，审美说，把教学的审美性看作教学艺术的本质。如所谓现代教学艺术，是指遵循美的规律、贯彻美的原则进行的创造性教学。

第三，表演说，认为教学艺术是一种表演艺术。如教学是一种独具特色的表演艺术。

第四，激励说，把教学艺术的激励功能看作教学艺术的本质。如教学的艺术不在于传授的本领，而在于善于激励、唤醒、鼓舞。

第五，乐学说，把教学生会学、善学、乐学看作教学艺术的本质。如快乐教育是教学艺术的真髓。

第六，创造说，把教学工作的创造性看作教学艺术的本质。如教师之所以称为艺术家，是因为教师的劳动本身就是创作。

第七，合规律与合个性统一说，认为教学艺术的本质就是教学的合乎规律与合乎个性的统一。如教学的规律性是教学艺术的必要前提，教学的规律性是教学艺术的灵魂和源泉。

第八，科学性与艺术性统一说，认为教学和教学艺术的本质特征是既具有科学性又具有艺术性的"二重特征"。如教学艺术是一门以"科学性"为基础的综合艺术，这是由教学既"科学"又"艺术"的"二重性"决定了的。

以上各种观点是人们从不同角度审视教学艺术所形成的认识。其中一些观点虽有合理成分，但还值得进一步探讨。如"技巧说""审美说""创造说"等，未突出教学艺术与其他艺术（或一般意义上的艺术）之间的明显差别；"激励说""乐学说"强调了教师对学生某些方面的影响，也似乎还不够准确和全面。

"合规律与合个性统一"及"科学性与艺术性统一"两种说法比较全面，且二者有着相通之处。结合这两种观点来看教学艺术，指出其"合规律性"或"科学性"突出了教学艺术与其他艺术的根本区别；而指出其"个性化"或"艺术性"，则体现了教学艺术具有创造性，并受制于教师本人的学识、修养、个性及价值取向。

教学艺术的基础是科学性，主要体现在两方面：一是教学活动的合规律性（教学程序、组织形式、方法、手段等符合学生的认识规律，有利于学生的学习和身心发展）；二是教学内容的科学性（知识、观点均不能有科学性错误）。教学艺术的灵魂是教学的艺术性（合乎个性，展现了教师的个人才华），其"艺术效果"则主要体现在学生的各方面素质在不断提高，促进了学生的发展。所以说，上述"基础"和"灵魂"的结合，就是教学艺术的实质。

可以认为教学艺术是教师的教学所达到的一种境界，教学艺术是教师本人以教育教学理论、学科专业理论及其他相关理论为基础，结合自身教学实践经验和积累，并倾注了对教育事业、对学生深深热爱的情感，经过不断探索、潜心钻研和创造性劳动而形成的，是高层次的教学行为方式。

（三）英语教学艺术的特征

对英语教学艺术特征的理论研究，有助于人们全面认识教学艺术的外部表现。基于前面对教学艺术本质的认识，我们认为英语教学艺术的基本特征主要表现在以下几个方面。

1. 科学性

英语教学必须符合教育理论，体现教育理论的指导性。英语教学艺术取决于教师对教育学、心理学、生理学、语言学、哲学、美学、学科教学论等的掌握水平和运用能力。英语教师应熟悉并能驾驭英语学科的知识结构、体系、内容，使教学与学生的认知结构产生沟通，以便进行各种形式的有意义的学习，扩大并深化学生固有的认知结构，使学生得到教育和发展。假如一个教师上课不讲科学性，把学生当容器大搞"满堂灌"，上课无目标，"讲到哪里算哪里"，不懂教学心理，对学生任意挖苦、讽刺，还谈什么教学艺术？

科学性还体现在教学内容的准确性上。目前，有的教师对英语学科的知识体系难以驾驭，"以其昏昏，则使人昭昭"，这样其教学艺术就难以达到应有的效果。另外，不少学生感到英语枯燥难学，表现出信心不足，兴趣不大，有的甚至放弃不学，在这种情况下更应该注意英语教学的科学性和艺术性。

2. 实践性

英语教学艺术具有实践性的特点。因为整个教学艺术过程都是与教学实践紧密联系不可分割的，像教师的备课，是为教师作为教学艺术家的课堂表演创造活动"运筹帷幄"的，上课则是教师教学艺术"决胜千里"的实践，只有取得了丰富的实践经验，才能使教学艺术既合于教学规律，又合于师生的个性特长和心理特点。教师组织教学与课堂管理、板书与语言、讨论与提问，也都是教学实践的一部分。所以说，教学艺术是实践性非常鲜明的艺术。

教师教学艺术的水平，也是在教学实践中不断提高的。离开了教学实践，教学艺术就成了无源之水、无本之木。课堂乃是永恒的教学艺术实验室，而真正意义上的教学艺术，只有那些在教学第一线上坚持不懈地进行实践探索的教师才能创造出来，也只有他们才有可能摘取教学艺术家的光荣桂冠。

特级教师们的教学艺术实践也有力地说明了这一点。可见，教学艺术的实践性是个非常重要的特点，是不能忽视的。每个教师都应注意在教学实践中追求教学艺术的发展。

3. 创造性

创造性乃是教学艺术的又一大特点。因为艺术的生命在于创造，英语教学艺术也不例外。英语教学有新意才能吸引学生的注意力，激发其积极性，才能常具艺术的魅力。

教学工作的高度复杂性决定了教学艺术的创造性。教育劳动的一个典型特点是它不允许有千篇一律的现象。

同时，创造型的人才也必须依靠创造性的教学艺术来培养。现代社会要求现代人具有态度发展的创造能力。这种社会要求必然反映到教学任务中，教育所培养的人才有了新的规格，这种新规格最凝重的成分就是人的创造性、创造能力和创造精神。而培养这种创造型的人才靠传统教学模式是不行的，必须依赖新的创造性的教学。换言之，只有创造性的教学才能完成现代教学所负有的培养创造型人才这样重大的历史使命。

就教学实践而言，很长一段时间，英语的教学曾受应试教育所累，教学上的"三重三轻""翻译式""灌输式"语法知识教学的应试教学模式取代了教学中的艺术创造，相当程度地扼杀了教师教学的个性化、风格化和多元化。课堂上机械的语言知识训练代替了生动活泼的听说读写运用能力的培养，极大地束缚了学生的思维和发展。

但是强调教学艺术的创造性，并不否定教师教学过程中有一般的或普通的规律存在。这里的关键是要在创造性的教学艺术中，因人、因时、因地来灵活运用这些规律。这就是所谓"教学有法而无定法"。可见，教学艺术的创造性，应当成为每个教师有意识的自觉追求。所谓创造性，就是有一种不断前进，向着更完善、更新鲜的事物前进的志向，并且实现这种业已产生的志向。明天一定要比今天做得更好，这是一个创造性地工作的教师的座右铭。英语教师在课堂教学中的行为，如同演员在舞台上的表演，是一切外观行为的综合表演，即教师的衣着打扮、表情态度、身姿动作、实验操作、口语板书等。教师讲台形象自我塑造得如何，直接影响到课堂教学艺术的效果。英语教师的表演生动形象，可以丰富学生的感知表象，促进学生的理解和思维。优秀教师们总是把讲台当舞台，把一节课表演得生动活泼，富有艺术感召力，如同一幕扣人心弦、发人深省的话剧。

教师的表演，关键要能动情感人。这就要求教师首先对教学内容有深刻的情感体验，对教学对象有深厚的热爱之情，才能在教学表演中进入角色，产生"移储"效果。但要注意表演得适度，做到质朴自然，毫不矫揉造作，恰到好处。同时，教学艺术的表演性服务于教学目的，所以教师在教学时要注意有效地支配情感，而不是受情感所支配，特别是不良情感的支配。

教师的教学艺术表演还应注意与学生的密切配合，面向全体学生，要采取学生可接受的方式，要考虑到不同年龄学生的特征。教师要始终抓住学生的注意力。首先自己就得精神饱满，注意力集中。同时，教师在教学中还要注意与学生之间的信息、情感、个性等方面的直接交流，并获得反馈，以便及时调控。因为学生不仅是教师教学艺术活动的鉴赏家，而且也是教师教学艺术活动的参与者，所以有时教师还不能只当演员，更应作为导演，给学生较多的表现机会，让学生参与到英语教学艺术创造活动中来，师生双方在教室这个舞台上共同演出精彩的剧目。

4. 审美性

既然英语教学艺术是教师娴熟地运用综合的教学技能技巧，按照美的规律进行的独创性教学实践活动，那么，教学艺术就必然地带有审美性特点。

教学艺术以其激情夺魄的魅力给人带来审美感受。这是教师有意识地按照美的规律和原则进行教学的结果。这就使得教师的课堂教学艺术本身成为审美的对象。

英语教学不仅仅是孤立的语言知识、语言能力的教授与培养，教英语与教文化、培育人才是密切联系的。通过语言学习人类创造的文化、文明、思想、美德，能使学生获得美的感受。教学艺术追求美、创造美，审美性也就成为教学艺术一大特色。英语教师要把仪表美、教态美、开讲美、语言美、结构美、板书美、节奏美、结尾美等综合形成教学美，提供给学生品味、欣赏，从而产生教学魅力。

教学艺术的美是内在美与外在美的有机统一，是教师人格内化和教学美的物质外化，即"因于内"体现在教学思想德才学识上，"符于外"体现在教师的风度、谈吐、举手投足、言传身教等方面，两者结合起来对学生会有迷人的吸引力，从而产生高质量的教学效果。

总之，英语教学艺术的科学性、实践性、创造性和审美性特征，能够给目前的英语教学带来蓬勃生机和无限活力。

二、英语教学艺术论研究的任务和意义

（一）英语教学艺术论研究的对象和任务

英语教学艺术论研究的对象是英语教学过程中教学艺术活动规律及其运用。英语教学艺术活动规律是在具体运用中表现出来的，离开英语教学具体运用的现象形态，其所谓活动规律就变成虚无缥缈的东西，而对英语教学艺术活动规律的揭示和把握，可以大大提高教学艺术具体运用的水平和效果。英语教学艺术和一切活动艺术一样，它有审美客体——英语教学活动本身和审美主体——师生（主要是学生），以及主客体之间复杂的审美关系。

（二）英语教学艺术论研究的意义

英语教学艺术论的研究具有重要的理论意义和深远的实践价值。从理论方面看，可以促使英语教学艺术论得到系统的理论论证，作为英语教学论发展中的分支，成为一门相对独立的学科。从实践方面看，英语教学艺术论的研究，可以强化人们对教学理论与教学实践的中介的认识，在教学理论与教学实践之间架起了一座有力的桥梁，从而促进英语教学理论与实践的联盟。

英语教学艺术论研究将帮助教师不断摒弃陈旧的教育观念，逐渐树立新的现代教育观念（包括教学观、学生观、人才观、质量观、教师观等），并以此指导教育教学实践，这也有助于改善师生关系。英语教师的教学活动艺术能给教师以亲切、美好的形象，这是建立师生关系的必要条件之一。

在学生学习方面，英语教学艺术的研究和实践更有不可忽视的意义。特别是目前有些学生视英语学习为畏途、苦差事的情况下，英语教学艺术可以将学生的"苦学"变为"乐学"，"难学"转为"易学"，在妙趣横生、轻松愉快、优美和谐的条件下学习和运用英语。

第二节　英语课堂活动

一、初中英语课堂活动分析

活动是由行为动作构成的主体与客观世界相互作用的过程，为意识能动性和个体能动性的高级形式。"活动"对应的英文单词是"activity"，源于拉丁文的字根"act"，其基本含义为"doing"，即"做"。课堂教学中，教师要善于通过有效的活动帮助学生掌握所学的知识与技能，才能使学生对新知识和技能的感知鲜明、完整和深刻。当然，课堂活动也不能太过频繁且流于形式而忽略了知识和技能的掌握。一堂课并不是一堆或有趣或无趣的活动的无序集合，需要教师根据教学的实际情况来设计个性化的不同层次的活动，形成一个具有内在联系的活动序列，使学生参与到语言学习的交流实践中来，从而使学习朝着积极有效的方向发展。无论教师采用何种教学形式，都要将教学内容融入教学活动中，使每个活动都要有明确的目的性，能为实现教学目标服务，这样才能有助于知识的学习、技能的掌握和运用能力的提高，才能使学习与活动实现有机结合，使教学任务在活动中得以完成。

初中阶段是学生学习英语的关键时期，英语课堂是以语言为工具、活动为载体、交流为目的的学习活动场所。因此，英语课堂上需要开展大量的各种类型的活动，让学生在大量的课堂语言训练和言语交互活动中逐步领会、掌握所学的知识，发展听说读写的基本技能，逐步提高实际运用语言的能力。

一般来说，初中阶段英语教与学的主要过程是：依据教材内容学习英语单词、短语、句型和语法，通过老师的举例讲解和学生做练习题来加以记忆和理解，从而达到掌握一门语言的目的。在这一英语教学过程中每一个步骤或环节都可以称为一个课堂活动，例如，认读单词、朗读课文、听力训练、翻译课文、知识点、语法点的讲解、课堂检测等。这样模式化的课堂活动是尤其必要性的，可以使教师按时按量地完成既定的教学任务，但容易让学生逐渐丧失用英语进行表达的欲望，课堂气氛也会丧失活力和生机，不利于学生学习的创造性和积极性的培养与发展。随着课改的不断深入、教学理念与模式的不断更新与改进，课堂效率的提高也越发引起教师们更多的探讨与研究。越来越多的教育者意识到，在课堂活动中，如果不能平等、民主地去开展教育，是会影响教育质量的。因此，组织有效的课堂活动并在活动中进行有效、积极的课堂互动是非常重要的，只有通过真实的、有意义的互动，才能提高学生在课堂中的活力和主体性。

二、初中英语课堂活动转向"交往行为"的构成要素

我国国际交流的范围正在进一步扩大，教育开放的程度也在不断加大，社会对各类人才的英语知识与能力提出了更高的要求。新形势下的教师要明白英语学习的目的不是考试，而是学习能力的培养和提高。英语教学活动的目的绝不仅仅是传授语言文学知识和语言运用的技能，目的性行为不是英语教学活动中最理想的行为方式。我们的中学英语教学应该探索一条"由目的行为走向交往行为"的新型英语课堂之路。

系统是由若干相互联系、相互作用的要素所构成的具有特定功能的有机整体。有元素构成的系统，其功能不仅仅取决于元素的性质，而且取决于元素之间的关系。元素之间特定的联系方式成为结构。系统的特点是由元素和结构共同决定的。英语课堂教学活动作为一个系统，也是由一些基本要素构成的。研究英语课堂教学活动中的要素是合理设计课堂活动基础。

（一）以"理解"为目的

目标是教学活动的预期结果，对教学活动的步骤、方法和组织形式起决定作用，是课堂教学活动科学性的保证。因此，教学目标被教育理论家称为教学活动的"第一要素"，确立正确合理的教学目标被认为是教学活动设计的首要环节。教学目标是教学中师生预期达到的学习结果和标准。英语作为一门语言学科，其最主要的目标是要培养学生对语言的理解能力。

交往行为之所以具有合理性，其主要原因是交往行为是一种以"理解"为目的的行为。对于"理解"的含义，最狭隘的意义是两个主体以同样方式理解一个语言学表达，而最宽泛的意义则是表示在与彼此认可的规范背景相关的话语的正确性上，两个主体之间存在着某种协调，此外还表示两个交往过程的参与者能对世界上的某个东西达成理解，并且彼此能使自己的意向为对方所理解。简言之，交往行为就是交往双方在彼此信任的基础上相互理解、达成共识的心理过程。

要达到这一目的，我们在设计如呈现、讲解、例释、训练、巩固等相关的课堂教学活动的时候就需要运用语义真实、语境真实、语用真实的英语教学内容来设计贴近学生生活的、学生易于理解的教学活动。目的是利用真实情景来使学生更好更快地理解教学内容，

理解教师的语言，提高教学活动的质量和教学活动效率。

（二）以"对话"为途径

交往行为关系存在于主体间的互动之中，产生于主体间对话的交流过程之中，主体以对话作为交往的主要形式，并在此基础上达成理解与一致。

交往是平等主体之间诚实的对话，其中语言的作用举足轻重。这对我们重新认识教学中的师生关系具有重要的启发意义。

第三节　英语教学活动

一、英语课程设计

课程设计是按照育人的目的和要求，制定课程标准和编制各类教材的过程。课程设计最优化是从实际出发，探求课程的最大价值，取得课程设计的最佳效果。英语课程设计也必须遵循这一原则。

（一）英语课程设计原则

1. 整体性原则

按系统论来说，教学过程是一个整体，是一个由多任务、多层次、多要素构成的复杂系统。

2. 统一性原则

教学程序是由教与学的双边活动构成的。教学系统必须首先正确处理教学系统中教与学的关系。

3. 多样性原则

教学程序是从实现教学目标出发，提高学生的原有水平，从而达到预期成就的过程。因此，教与学必须灵活多样。

4. 连贯性原则

程序连贯性的最终目的在于保证学生的学习达到预期的成就和水平。

5. 主动性原则

此原则要求构成程序的各个步骤不仅要列出各步的教学任务，同时要列出各步实现任务的动作。这是保证完成学习任务所不可或缺的关键。因为任何经验的积累，总是在主客体相互作用过程中，在反映对象的基础上实现的。

（二）基础阶段英语课程的设计

1. 课程任务

外语是基础教育阶段的必修课程，英语是外语课程中的主要语种之一。

英语课程的学习，既是学生通过英语学习和实践活动，逐步掌握英语知识和技能，提高语言实际运用能力的过程，又是他们磨砺意志、陶冶情操、拓宽视野、丰富生活经历、开发思维能力、发展个性和提高人文素养的过程。

基础教育阶段英语课程的任务是：激发和培养学生学习英语的兴趣，使学生树立自信心，养成良好的学习习惯和形成有效的学习策略，发展自主学习的能力和合作精神；使学生掌握一定的英语基础知识和听、说、读、写技能，形成一定的综合语言运用能力；培养学生的观察、记忆、思维、想象能力和创新精神；帮助学生了解世界和中西方文化的差异，拓宽视野，培养爱国主义精神，形成健康的人生观，为他们的终身学习和发展打下良好的基础。

2. 基本理念

（1）面向全体学生，注重素质教育

英语课程要面向全体学生，注重素质教育。课程特别强调要关注每个学生的情感，激发他们学习英语的兴趣，帮助他们建立学习的成就感和自信心，使他们在学习过程中发展综合语言运用能力，提高人文素养，增强实践能力，培养创新精神。

（2）整体设计目标，体现灵活开放

基础教育阶段英语课程的目标是以学生语言技能、语言知识、情感态度、学习策略和文化意识的发展为基础，培养学生英语综合运用能力。《全日制义务教育普通高级中学英语课程标准（实验稿）》（以下简称《标准》）将课程目标设定为九个级别，并以学生"能够做某事"具体描述各级别的要求，这种设计旨在体现基础教育阶段学生能力发展循序渐进的过程和课程要求的有机衔接，保证国家英语课程标准的整体性、灵活性和开放性。

（3）突出学生主体，尊重个体差异

学生的发展是英语课程的出发点和归宿。英语课程在目标设定、教学过程、课程评价和教学资源的开发等方面都突出以学生为主体的思想。课程实施应成为学生在教师指导下构建知识、提高技能、磨炼意志、活跃思维、展现个性、发展心智和拓宽视野的过程。

（4）采用活动的方式，倡导体验参与

本课程倡导任务型的教学模式，让学生在教师的指导下，通过感知、体验、实践、参与合作等方式，实现任务的目标，感受成功。在学习过程中进行情感和策略调整，以形成积极的学习态度，促进语言实际运用能力的提高。

（5）注重过程评价，促进学生发展

建立能激发学生学习兴趣和自主学习能力发展的评价体系。该评价体系由形成性评价和终结性评价构成。在英语教学过程中应以形成性评价为主，注重培养和激发学生学习的积极性和自信心。终结性评价应着重检测学生综合语言技能和语言应用能力。评价要有利于促进学生综合语言运用能力和健康人格的发展，促进教师不断提高教育教学水平，促进英语课程的不断发展与完善。

（6）开发课程资源，拓展学用渠道

英语课程要力求合理利用和积极开发课程资源，给学生提供贴近学生实际、贴近生活、贴近时代的内容健康的课程资源；要积极利用音像、电视、书报杂志、网络信息等丰富的教学资源。拓展学习和运用英语的渠道，积极鼓励和支持学生主动参与课程资源的开发和利用。

3.设计思路

采用国际通用的分级方式，将英语课程目标按照能力水平设为九个级别。该设计遵循了语言学习的规律和不同年龄段学生生理和心理发展的需求和特点，也考虑到我国民族众多、地域辽阔、经济和教育发展不平衡的实际，旨在体现国家英语课程标准的整体性、灵活性和开放性。

英语课程要求从小学3年级起开设英语课程。第二级为6年级结束时应达到的基本要求；第五级为9年级结束时应达到的基本要求；第八级为高中毕业的基本要求。第三、四、六、七级为第二、五、八级之间的过渡级。过渡级别的设置既有利于对各层次教学的指导，又为课程的灵活性和开放性提供了依据。

课程目标的级别不完全等同于基础教育阶段的各个年级。但是，分级目标对3~6年级、7~9年级和高中各学段或年级的教学和评价以及教材编写提供了循序渐进、稳步上升的指导性要求，有利于课程的整体实施。从3年级开设英语课程的学校，3、4年级应完成第一级目标；5、6年级完成第二级目标；7~9年级分别完成第三、四、五级目标，高中阶段完成六、七、八级目标。第九级为外国语学校和外语特色学校高中毕业课程目标的指导级，该级别也可以作为部分学校少数英语特长学生基础教育阶段的培养方向。

各地区可以根据国家课程三级管理的有关政策规定，根据当地的条件和需要，适当调整相应学段英语课程的目标。教育基础和师资条件暂不具备的地区或学校，以及把英语作为第二外语开设的学校，可以适当降低相应学段英语课程目标的要求。英语教育基础和条件较好的（如从1年级起就开设英语课程的）地区或学校，在不加重学生负担的前提下，可以适当提高相应学段级别的要求。

二、英语教案设计

备课是上好课的前提，教案是说课的书面成果。教案，是教师根据教材内容精心设计的蓝图，是把握大纲和处理教材的结果体现，也是课堂教学所遵循的章法。英语课堂效率能否提高，在很大程度上取决于教师的备课和教案的设计，教师备课越认真，教案设计得越全面，教师的主导作用与学生的主体作用就越能得到充分发挥，课堂效果也就越佳。所以，教师需钻研教学大纲，熟悉教材，明确教学要求，并且参考教师教学用书的建议，根据实际教学情况和学生的需要备好课，这样才能有效地进行教学。

（一）设计教案的程序

设计教案的过程是一个有程序的系列活动过程，我们可把它的基本程序概括如下。

1. 认真备教材

教师除了要熟知教材各单元的语言知识外，还应对教材所包含的文化内涵有深刻的理解。因为语言是文化的载体，英语教材中渗透了大量自然科学和人文科学知识。因此，教师在教学中应做到融英语语言与思想品德、社会、自然等各个学科的知识为一体。

2. 认真了解学生

教师应对学生的英语学习情况、学习方法、学习兴趣、爱好和特长等了如指掌。因为，多方面掌握学生的情况有利于教师根据学生的不同特长设计和安排任务。

3. 认真准备方法，设计任务

方法要灵活多样，符合学生的身心特点、知识水平，任务要具有趣味性、可操作性、交际性、科学性和可拓展性。任务的设计要具有语用、语境和语义三个方面的真实性，并符合学生的真实兴趣。学生完成任务的过程就是课堂教学的过程。学生通过完成任务不断获得任务所需要的信息、知识、能力和技能。

4. 任务要有助于训练学生的听、说、读、写四项基本技能

任务的排列应具有阶梯性，即由简到繁，由易到难，前后相连，层层深入，形成由初级任务到高级任务和由高级任务涵盖初级任务的循环。任务环节要有助于学生英语知识面的拓宽，有助于学生语言技能的掌握和语言运用能力的提高。

（二）设计教案的原则

1. 坚持整体思路

整体思路包含两层意思：首先，要通览全书（至少要通览本学期的全部内容），吃透教材。认真学习《英语教学大纲》和新课程标准，研究教法。对某一课某一内容反复比较用何种方法，以便在施教前做到心中有数。熟悉教材，分清教材的重点、难点，了解各单元之间的联系、各课之间的联系、各课之间的衔接。其次，要以单元为整体来备课。在时

间和内容安排上，不要死抠一课时只教一课，可根据学生的基础和教学内容的实际灵活变通。重点和难点内容可多安排一点时间，非重点的一般内容可少安排一点时间，避免平均用力、走过场，形成"夹生饭"。

2. 坚持难点分散

难点分散是指全书、各单元的重难点都在各课中体现出来，因此，对每一课的备课，必须在以每个单元的重难点为前提来进行，深入研读《教师教学用书》，改进教学方法。《教师教学用书》是为英语教师设计的统一备课笔记，要认真领会其精神实质，运用"五步教学法"或任务型教学途径，根据各课的重难点，运用图表、卡片、简笔画等各种教具来加以创造、改进。备课时，切忌把每节课作为一个单位来备，这样抓不住每单元的重点，讲课容易平均使力，重点内容易被忽视，不仅教学效果差，而且教学任务也完成不了。

3. 充分利用和发挥系列教材

新教材的特点之一，是系列配套。这些配套教材既有文字资料，又有音像资料。各种文字资料图文并茂，色彩鲜艳，形式多样，贴近生活，音像资料语音、语调纯正，图像清晰、逼真，内容丰富多彩。它们为我们提供了功能齐全的教学资料，是我们进行听、说、读、写训练，教学语音、词汇、语法理想的教学参考资料和教具。如何充分发挥它们的机能作用，有效地为我们的教学服务，这就需要教师在备课时精心安排，巧妙合理使用。切忌照抄《教师教学用书》，切忌只注意知识点与语言点的传授，而应是听说领先，读写跟上，应在培养学生运用英语能力上下功夫。例如，我们可以充分利用"学生课本"中诸多的画面插图创设情景，开展听说训练；可以让学生利用课本后的"单元词汇表""课文注释"进行预习；利用"发音和拼法""语法"附录进行语音和语法小结复习。又如，根据教学建议和学生实际利用"练习册"中的口语训练材料和听力材料，通过听录音进行有效的听说训练，利用读写材料加强读写训练。"阅读练习册"提供了形式多样、体裁不同的多篇阅读材料，根据教学建议和学生实际情况，哪些该在课堂上阅读，哪些该留作家庭作业，哪些该留作课外阅读，哪些该布置为假期作业呢？在阅读方式上，哪些先听后读，边读边听，或先读后听呢？这些均需要教师在备课时进行推敲。安排得恰当可达到事半功倍的效果。

4. 注意信息反馈

教学的对象是学生，学生是学习的主体。一个教师若只根据教材内容来备课，而不考虑学生的主体作用，那么教学效果也不会好。因此，备好一节课除备教材外，还应"吃透"学生情况，经常深入学生中间，了解学生的知识结构，结合课堂提问，针对学生的"学法"来选择、调整教法。一个好的教案，一般应是教材教法与学生学法的完美结合。经常利用学生的反馈信息及时调整自己的教案，做到因材施教，充分发挥学生的主观能动性，从而从根本上改变传统的注入式教授法。

三、任务型的英语教学设计

（一）任务的特征

第一，意义是首要的。

第二，有某个交际问题要解决。

第三，与真实世界中类似的活动有一定关系。

第四，完成任务是首要的考虑。

第五，根据任务的结果评估任务的执行情况。

任务中的问题不是语言问题，但需要用语言来解决。学习者使用语言并不是为语言本身，而是利用语言的"潜势"达到独立的交际目的。所以问题的设计调和了两种教语言的途径，语言的（注重语言形式）和非语言的（注重意义）……使两者互补……使两者的互相依赖成为必要。

总之，任务型教学或任务型学习中的任务不是一般的、孤立的或者可以任意组合的课内或课外的教学或学习活动，而是整个系统（或课程）的一个有机组成部分。任务的形式为用语言（口头的、书面的或综合的）处理模拟的或真实的生活中的问题，任务各界面的有效结合和相互作用应指向课程的总体目标。任务既可以让学生学到语言，又可以发展学生本身，因此任务自身也具有教育价值。

（二）任务型教学的设计原则

1. 语言、情景真实

设计任务时要提供给学生明确、真实的语言信息，语言情景和语言形式要符合语言交际功能和语言规律，要使学生在一种自然、真实或模拟真实的情景中体会和学习语言。

2. 形式与功能相结合

设计任务时要注重语言形式和语言功能相结合。要让学生在掌握语言形式的同时，学会自我培养掌握语言功能的能力。每一阶段任务的设计都应具有一定的导入性，使学生在学习语言形式的基础上，通过一系列任务的训练来理解语言的功能，并能运用在交际活动中。

3. 阶梯型任务链

所设计的任务应由简到繁，由易到难，前后相连，层层深入，形成由初级任务到高级任务，再由高级任务涵盖初级任务的循环，并由数个微型任务构成"任务链"。在语言技能方面，应当先输入后输出，使教学呈阶梯式层层推进。

4. 在做中学

学生自始至终通过完成具体的任务来学习语言，为了特定的学习目的去实施特定的语言行动，并通过完成特定的任务来获得和积累相应的学习经验，享受成功的喜悦，从而提高学生的学习兴趣和学习的积极性。

（三）任务型课堂教学的基本步骤

任务型课堂教学的基本步骤如下。

①呈现和学习完成任务所得的语言知识，介绍任务的要求和实施任务的步骤。

②设计数个微型任务，构成"任务链"，学生以个人或小组形式完成各项任务。

③各小组向全班展示任务结果。

④学生自评、小组互评、教师总评。

（四）任务型课堂教学的注意事项

第一，教师要营造良好的课堂氛围，建立民主平等的师生关系。教师应扮演助学者（回答学生的疑难问题）、任务的组织者和完成任务的监督者角色，有时也加入活动之中充当学生的"伙伴"。教师应站在学生的角度，创设模拟交际的情境。

第二，教师要让学生明白任务的性质和目的，交代任务要清楚，要检查学生是否了解任务的要求。让学生明确完成任务的方法，任务的难度要适当，充分发挥学生的主体作用。

第三，任务的焦点是解决某个实际问题。这一问题必须与现实生活有着某种联系，这种联系应是具体的，应贴近学生生活、学习经历和社会实际，能引起学生共鸣和兴趣，激发学生积极参与的欲望。

第四，小组讨论前不要过多讲解，以免学生依赖教师的思路，不积极思考。点名请学生发言不要有任何偏向。如果教师经常叫那些能说会道的学生发言，其他内向的学生就会降低参加讨论的热情，因为他们可以按惯例预测出该由谁来发言，因而就会心不在焉了。

第五，任务的设计和执行应注意任务的完成，即交际问题的解决，任务完成的结果是评估任务是否成功的标准。

第六，任务的设计要有层次性，即一个任务的完成是下一个任务的前提条件。任务型教学给课堂带来了活力，同时也对教师的素质、专业水平和创新精神提出了更高的要求，需要我们外语教师在实践中不断探索，不断反思，更新教育观念。

四、英语课堂教学设计

英语课堂教学是一个多元的、复杂的教与学相结合的活动。它是教师根据教学大纲、教学目的和教学计划按时完成教学任务的主要形式，也是学生在单位时间内学习和掌握语言知识、语言技能的主要途径。

面对教育改革和新课程标准的实施，教师应在课堂教学中建立一种互动、和谐、教学相长的新型师生关系。

（一）英语课堂教学设计的原则

1. 针对教学对象的特点，提供和创设语言的交际情境

进入初中学习的学生基本上是十四五岁的少年。这个年龄段的孩子们对事物的认识处在从感性认识到理性认识的过渡阶段，思维也从形象思维逐步发展到抽象的理论思维。他们在接受新生事物时，容易受到现实的、直观的、实像的影响，在接受直观现象后，逐步由感性的认识过渡到理性的理解。

2. 根据教学目的的要求，充分体现语言的实践性

中学的教学目的是通过大量的语言实践活动，切实提高学生综合运用英语的能力，增加语言实践的真实感，鼓励学生参与语言实践活动。语言实践的真实感应充分体现在课堂教学中，教师通过创设生活中的模拟场景，让学生积极主动地参与语言的实践活动，尝试在语言交流过程中使用甚至是创造性使用语言，进而促进他们提高综合运用语言知识和语言技能进行沟通的能力。

3. 根据语言文化的特点，体现语言知识性和趣味性

不同的语言产生的背景不一样，语言的特点也就不同。英语语言文化受多方因素影响，因而它的语言融合了其他语言的词汇和特点。

（二）英语课堂教学设计的艺术

1. 从课时计划出发，体现课堂教学的系统性和完整性

教师根据一个单元的教学内容对这个单元进行合理的、科学的、有效的、系统的安排，我们把这个系统的安排称为课时计划。课时计划是教师课堂具体操作的准绳，也是教师完成教学任务的依据。

2. 从教学目标出发，体现课堂教学的针对性和准确性

英语课堂教学的总目标是教会学生掌握语言知识、培养学生运用语言技能。教师在制订课时计划时要把握教材，将特定教学内容中的重点和难点分散在几个课时中，有针对性地、准确地加以解决。

3. 从作业布置来看，体现课堂教学的延续性

每堂课后教师都会布置一些书面和口头的作业，以便学生能独立思考课堂上所学的语言知识和语言技能，消化和巩固课堂所学的知识。课后作业应有针对性和概括性，能帮助学生思考、巩固和掌握知识，真正地成为课堂教学的延续。课堂上的精心讲练，同时也需

要课后的独立思考，这个思考应来自课后的作业。

4.从教学手段出发，体现课堂教学的多样性和灵活性

灵活多样的教学手段能激发学生的学习热情，丰富学生的想象力，激励学生主动地参与教学活动。

5.设计适合英语课堂教学的任务型活动

修改后的初中英语教科书，增加了许多学生在日常生活中熟悉并感兴趣的话题，提供了许多真实的语境和语言材料。教师在进行课堂教学设计时，要充分利用好教材，以学生为主体，运用任务型教学，培养学生的创造性思维能力，鼓励学生自己思考，使他们能够用所学的知识来解决问题。下列6种任务型活动适合在中学英语课堂教学中运用。

第一，拼图任务。拼图任务是指小组中每人依次讲一段故事，全小组讲完整个故事。

第二，信息本身是一种社会现象，而信息共享体现了人的一种普通心理需求。教师可以充分利用学生的学习兴趣。使其投入到交际活动之中。在这样的环境中，学生带着渴求获得信息或传递信息的心理去运用语言。

第三，观点交换任务。观点交换是指学习者讨论、交换意见，而不必达成统一意见。

第四，解决问题任务。解决问题的任务就是要求学生根据自己的知识和推理能力，用英语解决现实生活中可能遇到的问题。

第五，做决定任务。做决定任务要求学生通过协商、讨论后做出选择，达成一致意见。

第六，创造性任务。创造性任务指具有探索、开放性和实践性的任务。列表、安排顺序、分类、对比和解决问题的任务，都属于创造性任务的范围。这类任务一般要求学生课外完成。

总之，英语课堂教学要达到预期的目的，教师需要在课前认真仔细地设计本单元的课堂教学。课前的设计是课堂教学的前提和条件。只有做好课前的设计，才能不断地充实和完善课堂教学，最大限度地发挥课堂教学的作用，在特定的教学时间里完成教学任务。在很大程度上课前设计决定课堂教学的成败。

第四节　英语教学方法选择与优化

一、英语教学方法选择的原则

由于社会需要的变化，英语教学作为一种科学与艺术发展到今天，教学目的和理论基础比之过去已不尽相同，外语教学法也呈现出不同的流派。各种教学法流派在相互剧烈的争论中不断汲取别派长处，继承自家优点，从而得以生存和发展。人们希望找到一种能被

普通接受，能够适合任何情况的教学法体系，这很不容易，也是不可能的。我们可纵观国内外现有的十几种教学流派，通过分析这些教学流派的共性与异性，优点与缺点，本着外语教学要以实用和教育为目的，选择适合自己的教学方法。在此过程中，我们要遵循一定的原则与理论指导，这样才能更好地组织外语教学。

首先，我们要树立辩证的观点，不能够"信手拈来"和盲从。任何一种方法，都是由少数人，依据某些理论，在一定范围内，为达到某种教学目的多种要求，也无法解决现实教学中存在的各种问题。因此，我们应该用辩证的观点，客观地研究、分析各种教学方法产生的社会背景和理论依据，将预期目的与具体的条件相结合，进行选择。

其次，我们要避免在教学法的选择过程中"单枪出击"，应扬长避短，综合出一套适合自己的能满足语言知识、语言技能及能力训练、文化意识、学习策略、情感态度发展等多种需要的方法。

最后，我们在选择适合的教学法时，要考虑主客观因素。一个流派形成的长或短，不是绝对的。教师不能先验地确定该用视听法、听说法，还是该用结构法、语法分析法。除了教学目的、教学对象外，教师水平、教学时间、教材、教学设备等，也是确定教学方法的因素。

（一）教学目的对方法的选择起决定作用

方法为目的服务，不同的学校，外语教学的目的不同，所用方法也应有别。若教学目的主要是培养学生在一定范围内的口头交际能力，为某一行业训练一般工作人员，如导游、招待员等，就应选择以各种重口语训练的方法为主要方法。若教学目的是培养学生较高的阅读理解能力，为研究机构提供翻译情报人员，就应选择以注重语法、阅读的方法为主要方法。

（二）学生年龄、本族语特点制约方法的选择

学生的一般智力发展程度和外语基础对教学方法的选择有直接影响。小学、初中学生的特点是：年幼，习惯机械模仿，形象记忆力强，抽象思维能力低，好动，随意注意差，学外语从零开始，有新奇感，学了就想用。根据这些特点，在开始阶段，如果有一定的视听教学手段，选用听说法是恰当的。高中、大学学生的特点是：抽象思维基本成熟。能在一定时间内保持随意注意，不满足于机械模仿，有一定外语基础。在这种条件下，主要采用自觉实践法，可能更切合实际。低于或高于学生发展水平的方法，都会影响学生积极性，降低教学效果。

（三）教师水平、教学时间、教材、教学设备等也影响教学方法的选择

教学方法要通过教师来贯彻。若教师没有适应某一方法所要求的起码水平，就不应选用该方法。教学时间的长短，也是选择教学方法时应该考虑的。我们在中小学之所以不能完全采用幼儿学习的直接教学法，时间不够是重要原因。

一定的教学法，要求有一定的教材。如听说法除了教材的编排要以句型为主线外，还要有成体系的句型替代、转换、扩充等练习材料，有与之配合的课外阅读、听力材料。只是在每一课列出几个句型，缺乏相应的练习及其他辅助材料的教材，不符合听说法的要求。按这种教材采用听说教学，是形而上学的，是无法取得听说法应取得的教学效果的。

当今出现的不少教学法流派，都和一定的现代教学设备有关。如视听法要求有完备的电化视听手段。没有起码的电化视听手段，即使视听教学法对中小学外语教学是理想的好方法，我们也无法获得良好的教学效果。

二、英语教学方法优化的艺术

在根据以上原则及理论选择好合适的教学法之后，我们可从四个方面来优化教学方法。

（一）确保教学任务的完成

这是根本的、首要的一条。为完成教学任务服务是教学方法的根本职责，优化教学方法的目的就是更好地完成教学任务。因此，评价教学方法是否优化，归根到底是要看运用教学方法的效果如何。我们应选择效果相对明显的方法。

（二）节约时间和精力

运用教学方法的效果受多种因素的制约。所谓教学方法的优化也是相对的。如果运用某些教学方法，能在相对较少的时间里花费较小的气力达到较好的效果，这样的教学方法就是优化的。反之，如果运用另外一些教学方法，虽然也达到了如上述同样的效果，但是需要付出较多的时间和精力，耗费较多的器材，这就不能说是实现了优化。

（三）符合学生的实际

教学方法的效果最终是要通过学生反映出来的，而且学生的学法是构成教学方法的一个重要侧面。所以，优化教学方法必须适应学生身心发展水平和特点，符合学生学习态度、学习能力、学习方法的实际，并有利于这些方面的发展。有些教学方法在某个年级或某个

班运用可谓优化，而在另一个年级或另一个班运用则采用优化的教学方法，其原因就在于学生诸方面的实际情况不同。

（四）教师具备的优势能够得以发挥

达到优化水平的教学方法还必须是符合教师的实际情况的。如果有两种教学方法都可以用来完成教学任务，而其中的一种更有利于充分发挥教师的特长，教师运用起来更得心应手，选用这种方法则可称为优化。

以上所述只是对外语教学方法的选择与优化问题的"小瞰"，与艺术相差甚远，教学方法选择与优化的标准有很多，要能够全部兼而有之往往很难做到，我们只能根据已有的理论及原则的指导，结合具体的情况选择自己所需要的教学方法。

第二章 初中英语课堂活动设计原理

第一节 英语课堂活动设计理论基础

英语作为一种国际性语言，是学习世界先进科学技术、进行经济文化交流的工具，在当今国际社会中发挥着重要作用。随着中国改革开放程度的不断加深，作为国际性语言的英语已经成为重要的对外交流工具，英语教学无疑为中国打开了一个通向世界的窗口。同时经济全球化进程的加快使得世界经济融为一体，这对英语教学提出了更高的要求。中国学生学习英语，缺少英语语言环境及英语交际的场所，他们主要是通过课堂教学形式来学习英语。因此，教师如何设计有效合理的课堂教学活动显得尤为重要。而如何进行合理有效的英语教学活动，需要教师们从把握活动设计要素开始，掌握相关的活动设计理论，如学习理论、教学理论、设计理论和语言学习理论等，为教师的课堂教学活动设计提供理论支撑。

一、交际教学理论

（一）交际教学法的定义

交际教学法又被称为功能法、意念法、意念功能法，即交际能力不仅仅包含语言知识，还应具有语言运用的能力，尤其应该注意语言运用的得体性，它包括对交际时间、交际场合、交际话题、交际方式等诸多因素的灵活把握和运用。交际教学法认为学语言人的语言能力不仅是能造出合乎语法的句子，而且还包括能恰当使用语言的能力。也就是说，语言教学的目的是通过语言来学习交际，使学生掌握通过语言进行交际活动的能力。交际教学法的理论基础主要是基于社会语言学、心理语言学转换生成语法，这一方法提倡根据学习者的实际需要来确定学习目标，并以指定的学习目标为依据选择教学内容和实施具体的教学方法。交际教学法是一种以语言功能为纲、培养语言交际能力的语言教学方法体系，其核心是教学过程交际化，即把语言作为一种交际工具来教、来学、来使用，最终使学习者获得足够的交际能力。语言学习的最终目的是获得交际能力，因此交际教学法是语言学理论深入发展的结果，也是英语教学理念进一步更新的要求，是影响范围较广、程度较深的教学法之一。

（二）交际教学法的优点和特点

1. 交际教学法的优点

和传统教学法相比，交际教学法有以下优点：①强调以学生为中心，打破了过去老师"一言堂"沉闷、僵化的局面，极大地调动了学生的主观能动性。②注重学生的交际能力，强调在实际交际场合中提高语用能力，使用语言的社会功能。③教材的编写更为真实实用，贴近时代，范围覆盖面更加广泛。④重心在于交际中传达的意义，着眼于培养语感，使语言活动自动化。上述优点也是交际教学法在我国得以迅速推广的主要原因之一。

2. 交际教学法的特点

交际教学法有以下几个明显的特点。

（1）功能和意念相结合

语言学习的目标是培养学生的交际能力。从学生日常学习生活和未来工作需要的情景中选择典型材料，教授表达和理解不同功能所需要的语言，如请求、描写和表达善恶等。

（2）语篇是教学的基本单元

语言不是存在于孤立的词语或句子中，而是存在于连贯的语篇中。语言教学由句子为基本单位的机械操练转向语篇在交际情景中的实际运用，而且交际教学法中的句型操练是在语篇上下文中为表述意义和交际功能服务的。

（3）教学过程交际化

课堂本身就是一种具体的社会交往环境，利用外语组织课堂教学，通过交流讨论和角色扮演实现外语教学过程交际化。学生在言语交际活动中不仅要求语言形式的正确性，而且还应注意场合、符合说话人的身份等得体地使用外语。

（4）学生作为学习主体

在以学生为中心的外语课堂上，教学目标是培养学生自主学习和学会学习的能力。交际教学法反对命令、强迫和机械的训练，强调激发学习动机，消除焦虑情绪，鼓励学生积极参加言语交际活动，不苛求纠正语言错误。

3. 教师的角色

交际教学法提倡以学生为主体，学生主动参与，师生通力合作。语言教与学的最佳方式为相互作用。学生在交流中进一步熟悉学过的语言知识，并根据教师的反馈修正自己的错误，极大地激活语言习得机制。在交际教学法中，教师的作用并不是减弱了，而是根据学生个性化需求呈现为多元性。

（1）示范者和指导者

教师直接呈现语言材料和练习形式。教师利用直观教学、点化教学或者艺术教学，不但给学生留下深刻的印象，而且形成一种轻松的气氛，有利于学生活跃思维，积极参与各种活动。教师在指导、操练的过程中要随时更正错误，保证语言输入的正确性和练习过程的有序性。

（2）组织者和帮助者

教师负责把交际活动分成几个环节以适应学生不断提高的实际能力，同时教师要向有困难的学生提供帮助。例如，当学生不能独立完成任务时，教师可以提供必要的语言项目或建议可行的交际策略，当学生的意见出现分歧时，教师可以帮助他们解决矛盾，达成一致。

（3）顾问和参与者

教师是重要的信息来源，他们熟悉语言的结构、功能和社会特性，但是教师不要利用这种信息功能干涉学生的自主学习，而要提供心理支持。同时教师以平等身份参与交际活动，不但可以激活和强化新知识和技能，而且可以从本质上消除学生的紧张情绪，调动学生的积极性。

（三）交际教学理论对英语课堂活动设计的启示

1. 学生是课堂教学活动的主体

交际教学法的核心是"以学生为中心"，是指在教学过程中学生作为学习活动的主体出现，能动地发展自己的潜能。也就是说，学生是交际教学的第一目的主体；学生是教学运行结果的最终承担者和体现者；学生亦是交际法教学活动的主体，即"学"的主体和自我教育的主体。因此，活动的设计要以学生为主体，活动要与学生的生活背景和生活经验相联系，满足不同层次学生的情感需求、认知需求和能力需求，全方位地掌控学习者需求的现有发展状态，合理预测和估计潜在发展状态；并在教学活动实施中，做到立足于现有发展水平，充分发掘潜在发展水平。此外，以学生为主体的原则还体现在设计活动时必须充分考虑学生的年龄特征，即随着年龄段的递增，课堂上形象性的歌唱和游戏活动要逐渐减少，抽象性的认知活动要逐步增加。

2. 发挥教师的主导作用

在交际教学法中，教师既是课堂教学活动的设计者、组织者、管理者、评价者，更是课堂交际活动的促进者和参与者。教师在课堂上要营造一种易于开展交际活动的环境。第一，教师在课前要精心设计好一切课堂活动，活动开始时自己进入学生当中，组织学生完成各项课堂活动。第二，教师应把听、说、读、写、译当成一个整体，使学生在参与活动的过程中能逐渐掌握这几种能力，不偏废其中的任何一种。第三，教师应该尽量使用多种教学手段，为学生创造一种生动活泼的课堂活动气氛，提供一个逼真的语言环境，使学生在教学过程中始终处于兴奋状态，让学生更加积极主动地参加到教学活动中去，锻炼交际能力。第四，教师还应该针对基础不同的学生提出不同的问题，使不同层次的学生都能回答，参与活动。在学生有困难时，要及时给予帮助，使他们顺利完成交际任务，增强他们学习的信心，激发他们学习的兴趣。此外，在活动交流过程中，要善于保护学生在课堂用英语交际的勇气，不必有错就纠，过分批评、指责，以免挫伤学生语言交际的积极性，使学生失去学习英语的兴趣。要适时、恰当、真切地给予学生鼓励，使学生始终保持高度的学习热情，使学生们在自然、和谐、愉快的课堂气氛中不断提高用英语交际的能力。

3. 围绕教学目标进行活动设计

交际教学法的教学目标主要是培养学生在特定的社会环境中使用外语进行交际的能力。活动是教师引领学生走向目标的重要途径。教学目标是教学活动的出发点，也是归属，教学活动设计应该以有效实现教学目标为归依，每一个活动都必须以达到教学目标为导向。

因此，活动的设计只有紧紧围绕教学目标和任务展开，才不至于偏离活动的主题。教师在设计活动时，要明确教学的目标和要求，包括整册教材的目标、单元目标和每一课时的目标，再根据教学目标设计相应的活动，在设计活动时，可以分板块进行，但每一个板块的设计也要紧扣主题，为凸显主题而服务。每个活动都要有明确的目的性，要有助于学生英语知识的学习、语言技能的掌握和语言运用能力的提高，使学习与活动实现有机结合，使教学在活动中得以完成。

二、二语习得理论

20世纪60年代开始，有人研究人们获得语言能力的机制，尤其是获得外语能力的机制，综合了语言学、神经语言学、语言教育学、社会学等多种学科，慢慢发展出一门新的学科，这就是"二语习得"。

（一）二语习得理论简介

二语习得指的是人们逐步提高其第二语言或外语水平的过程。二语习得理论作为一门独立的学科，主要研究母语外的第二语言及外语习得的本质和过程。

20世纪70年代以来，人们对第二语言习得从各个方面进行了深入的研究，在多元化的第二语言习得研究理论中，与语言教学最密切相关的主要有中介语理论、普遍语法理论、二语习得环境论及语言监控理论等，这些理论的提出在一定程度上揭示了第二语言和外语学习的过程和规律，尤其是美国语言教育家克拉申 (Stephen D. Krashen) 的第二语言习得理论为外语教学提供了重要的理论指导依据，对英语教学活动设计具有重大意义。如习得—学得假说、语言输入假说、情感过滤假说、监控假说及自然顺序假说对英语活动设计教学有一定的启发和指导意义。

（二）二语习得理论对活动教学设计的启示

1. 以学生为中心设计教学活动

教师在进行教学活动设计时，应由原来单纯的知识讲授者转变为课堂活动的设计者、管理者、学生实践活动的指导者和合作者等多重角色，把学生作为活动的主体，站在学生的角度，从学生发展的角度出发，根据学生原有的知识结构，找出新旧知识之间的联系，并以现实生活为载体，为学生提供具有探究价值的问题情景，提供有价值的语言学习活动，培养和激发学生的学习语言能动性，提高学生学习英语的自信心，减少英语学习的焦虑，让学生在精心设计的教学活动中经历、感受、体验，不仅获得知识，找到适合自己的学习方法，还体验学习的成功，享受学习的快乐，掌握语言的应用能力，形成良好的学习品质，为学生的终身成长奠定基础。

2. 注重教学活动的合理设计

重视在课堂教学中学生语言输入的质和量，为学习者提供充分的语言输入。活动设计必须科学合理，具有一定的艺术性和思想性。活动内容既要丰富多彩，又要适时适量；活动形式既要多种多样，新颖有趣，又要避免形式主义，讲求实效。因此，教学活动设计一定要从学生的实际经验出发，活动设计内容要由浅入深，由易到难，让学生有学习的"梯度"。同时，教师一定要熟悉所用的教材，按照英语课程标准的要求，灵活处理教材，要善于将教材由薄变厚再变薄，在活动设计的环节上要衔接自然、流畅，从课堂热身、情景导入到新课教授、巩固练习等各个环节的活动要精心设计，落实到位。在组织教学活动之前要和学生做好课堂秩序的"约定"，持续保持良好的学习秩序。学习过程中要注意组织学生进行生生间、师生间、集体、个别、同桌间、男女间、小组间的操练活动，以保证学生能人人参与、全程参与。

3. 重视英语学习活动环境的营造

二语习得理论认为，二语习得过程是学习者积极参与的心理过程，是学习者对所获得的语言输入进行储存和整理，并加以利用的过程，语言习得的过程必须创设良好的语言环境及语言输入才能得以实现，语言意识只能在一定的环境下才能获得。为此，二语习得理论启示我们，要提高英语教学效果，就应当重视英语学习良好环境的营造。第一，教师要转变教学角色，积极创造轻松的课堂气氛，激发学生的学习动机和兴趣，增强自信心，有效降低语言焦虑，让学生积极参与活动。第二，努力营造课外英语学习环境，设计开展与英语有关的第二课堂活动。第三，利用多媒体技术创造最真实、自然的英语学习环境，挑选出具有知识性、趣味性和真实性的教学材料来设计和组织教学活动，使学生在身临其境的英语环境中自然而然、潜移默化地学习英语，提高英语学习效果。

总之，二语习得理论，尤其是克拉申所强调的习得、输入语、降低情感过滤的思想对我国的英语教学活动设计很有启发。我们应根据我国外语教学的实际情况，选择最合适的教学活动设计方法，使我国的外语教学效率得到较大的提高。

三、建构主义学习理论

（一）建构主义简介

建构主义的最早提出者可追溯至瑞士的皮亚杰（Jean Piaget，瑞士，心理学家），他是认知发展领域最有影响的一位心理学家。皮亚杰的建构主义基于他有关儿童的心理发展的观点，他提出了发生认识论，坚持从内因和外因相互作用的观点来研究儿童的认知发展。他认为，儿童是在与周围环境相互作用的过程中，逐步建构起关于外部世界的知识，从而使自身认知结构得到发展。儿童与环境的相互作用涉及两个基本过程：同化与顺应。同化是指把外部环境中的有关信息吸收进来并结合到儿童已有的认知结构（也称"图式"）中，即个体把外界刺激所提供的信息整合到自己原有认知结构内的过程；顺应是指外部环境发生变化，而原有认知结构无法同化新环境提供的信息时所引起的儿童认知结构发生重组与改造的过程，即个体的认知结构因外部刺激的影响而发生改变的过程。可见，同化是认知结构数量的扩充（图式扩充），而顺应则是认知结构性质的改变（图式改变）。认知个体（儿童）就是通过同化与顺应这两种形式来达到与周围环境的平衡：当儿童能用现有图式去同化新信息时，他处于一种平衡的认知状态；当现有图式不能同化新信息时，平衡即被破坏，而修改或创造新图式（顺应）的过程就是寻找新的平衡的过程。儿童的认知结构就是通过同化与顺应过程逐步建构起来，并在"平衡—不平衡—新的平衡"的循环中得到不断的丰富、提高和发展。在皮亚杰上述理论的基础上，科尔伯格（Kemberg，美国，心理学家）在认知结构的性质与认知结构的发展条件等方面作做了进一步的研究，斯腾伯格（R.J-Sternberg，美国，心理学家）等人则强调了个体的主动性在建构认知结构过程中的关键作用，并对认知过程中如何发挥个体的主动性做了认真的探索。而维果茨基（Vygotsky，苏联，心理学家）则提出了"文化历史发展理论"，强调认知过程中学习者所处的社会文化历史背景的作用，并提出了"最近发展区"的理论。维果茨基认为，个体的学习是在一定的历史、社会文化背景下进行的，社会可以为个体的学习发展起到重要的支持和促进作用。维果茨基区分了个体发展的两种水平：现实的发展水平和潜在的发展水平。现实的发展水平即个体独立活动所能达到的水平，而潜在的发展水平则是指个体在成人或比他成熟的个体的帮助下所能达到的活动水平，这两种水平之间的区域即"最近发展区"。最近发展区理论揭示了学习本质特征不在于训练、强化已形成的心理机能，而在于激发、形成尚未成熟的心理机能。所有这些研究都使建构主义理论得到进一步的丰富和完善，为实际应用于教学过程创造了条件。

建构主义理论的内容很丰富，流派众多，且有不同的理论倾向，但都坚信知识是认知主体主动建构的结果，学习是一个意义建构的过程。

（二）建构主义学习理论

建构主义学习理论是一种关于知识的来源、学习的本质的理论，其形成与多种哲学、心理学理论和其他社会科学思潮的影响有关。就现当代而言，约翰·杜威（John Deway，美国，哲学家、教育家、心理学家）的以经验为核心的教育哲学思想、皮亚杰（Jean Piaget）的认识发生论、维果茨基的社会历史发展理论是建构主义最重要的思想来源；早期布鲁纳（Robert F.Bruner，美国，教育心理学家）的认知结构理论、乔治·凯利（George Alexander Kelly，英国，空气动力学之父）的个人构念心理学的体验学习论等也从不同侧面丰富了它的内容；后现代思潮、语言分析哲学、社会人类学、科学哲学、知识社会学等新兴理论都不同程度地影响建构主义的思想体系。由于理论来源不同，建构主义显然不是一个单一的理论，而是一个理论群，包括激进建构主义、认知建构主义、社会建构主义、社会文化理论、弹性认知理论等。

1. 皮亚杰的认知发展理论的主要观点

皮亚杰把认识的发生和发展归结为两个主要方面，即认识形成的心理结构和认识结构与知识发展过程中新知识形成的机制。他认为每一个智慧活动都含有一定的认知结构，即图式。图式是人类认识事物的基本模式。同化是主体把客体纳入自己的图式中，引起图式量的变化。顺应是主体改造已有的图式以适应新的情景，引起图式质的变化。平衡，指由同化和顺应过程均衡所导致的主体结构同客体结构之间的某种相对稳定的适应状态。同化与顺应是适应环境的两种机能。儿童遇到新事物，在认识过程中总是试图用原有图式去同化，如果成功，就得到暂时的认识上的平衡。反之，儿童就做出顺应，调整原有图式或创立新图式去接受新事物，直至达到认识上新的平衡。儿童心理的发展，实际上就是从低一级水平的图式不断完善达到高一级水平的图式，从而使心理结构不断变化、创新，形成不同水平的发展阶段。

皮亚杰还把儿童认识的建构过程划分为感知运动阶段（0~2岁）、前运算阶段（2~6、7岁）、具体运算阶段（6~11、12岁）、形式运算阶段（11、12~14、15岁）四个阶段。他认为儿童智力发展的四个阶段是连续发生、紧密衔接在一起的。每一阶段都是前一阶段的延伸，是在新的水平上把前一阶段进行改组，并以不断增长的程度超越前一阶段。各个阶段之间存在着质的差异。虽然各阶段因各人的智慧程度和社会环境的不同而可能提前或推迟，但阶段的先后顺序是不变的，而且人人都要经历这样的几个阶段。

皮亚杰是"活动教学法"的积极倡导者。他认为，儿童的思维产生于动作，随着儿童机体的成长发育，行为动作就越复杂，他们的思维水平也就越高，因而儿童学习的根本途径就是自己的活动。"一切现代心理学都教导我们说智慧产生于行动。"皮亚杰把活动看作连接主客体的纽带，是认识发展的源泉，强调学生要动脑、动手、动口，通过活动及其协调来逐步形成、发展和完善自己的认知结构，经过个体的同化、顺应和平衡来适应事物的状态。因此，单凭自觉教授知识是不够的，儿童必须实践。活动是学生学习知识、发展能力和形成品德的重要途径。

2. 布鲁纳的发现学习理论

布鲁纳基本认同皮亚杰的思想，不过，他进一步将认知发展的理论与课堂教学联系起来。布鲁纳认为，学习的实质是一个人把同类事物联系起来，并把它们组织成赋予它们意义的结构。学习就是认知结构的组织和重新组织。知识的学习就是在学生的头脑中形成各学科的知识结构。这种知识结构是由学科知识中的基本概念、基本思想或原理组成的。知识结构的形式是通过人的编码系统的编码方式构成的，并可通过三种再现模式表现出来。一种知识结构的价值，取定于它简化资料、产生新命题和增强使用一种知识的能力。教育的目的在于培养学生的理解力和认知的技能与策略，而不仅仅是机械地获取已有信息；教学的任务主要是促进学生身心发展，教学生如何思维，如何学会学习，如何从求知活动中发现规则，从而整理统合，组织成属于自己的知识经验。在布鲁纳倡导的"发现教学法"中，他强调学习是一个发现和建构知识的过程。在此过程中，学生不是被动地接受知识，让自己变成活动的藏书室，而是充分利用原有经验，构建新的知识，提高解决问题的能力。布鲁纳还强调，一般教学条件下，学生的学习动机往往来自外部，譬如为了取得好成绩，为了获得奖励或逃避惩罚等。而培养学生的内在动机，使他们对自己的能力发出挑战，才是他们智力发展的真正有效的动力。为此，教学不应当使学生处于被动地接受知识的状态，而应当让学生自己把事物整理就绪，使自己成为发现者。在教学中运用发现法，其灵活性和自发性都较大。一般来说，它没有固定的模式，要根据不同学科和不同学生的特点来进行，但其一般步骤包括：①提出和明确使学生感兴趣的问题；②使学生对问题体验到某种程度的不确定性，以激发探究的欲望；③提供解决问题的各种假设；④协助学生收集和组织可用于下结论的资料；⑤组织学生审查有关资料，得出应有的结论；⑥引导学生运用分析思维去验证结论，最终使问题得到解决。总之，在整个问题的解决过程中，教师要向学生提供材料，让学生亲自发现应得的结论或规律，使学生成为发现者。

由于布鲁纳认为学生是教学过程中的一个积极的探究者，因此教师的作用就在于帮助学生形成一种能够独立探究的情景，而不是提供现成的知识，教师要促进学生自己去思考并参与知识获得的过程。在布鲁纳看来，教师的主要作用在于：①鼓励学生有发现的自信心；②激发学生的好奇心和求知欲；③帮助学生寻找新问题与已知知识的联系；④训练学生运用知识解决问题的能力；⑤协助学生进行自我评价；⑥启发学生进行对比。

3.维果茨基的社会历史发展理论

社会建构主义的另一重要源头是苏联心理学家维果茨基创立的社会历史发展理论。与同时代的皮亚杰一样，维果茨基也致力于探讨儿童认识的个体发生与发展，但他更关注的是个体心理机能发生所依赖的社会文化环境。维果茨基社会历史发展理论的核心理念是"中介作用理论"与"最近发展区理论"。所谓中介作用，指的是儿童身边对他有重要意义的人在他认知发展过程中所起的作用。有效学习的关键在于儿童和"中介人"（父母、老师、同伴）之间的交往互动的质量。维果茨基还指出，在儿童智能的实际发展水平与潜在发展水平之间有一个差距。前者是儿童独立解决问题的能力水平，后者则是指儿童在成人的指导下或是与能力较强的同伴合作时，可能达到的水平，二者之间的差距就是"最近发展区"。最近发展区理论强调个体间（儿童与成人之间、儿童与儿童之间）的交流与互动，认为与能力较强的人协作学习可以引发学习者内在的心理发展机制，从而顺利进入下一个较高层次的发展区域。因此，在社会建构主义的视野下，外部环境尤其是学校教育对学生的心智发展起着重要的作用。对于智力发展水平相近的学生，采取不同的教学模式，在不同的环境中学习，就有可能取得不同的智力发展效果。

（三）当代建构主义学习理论的发展

1.建构主义知识观的基本思想

（1）知识的非确定性

建构主义认为，知识既不是客观的东西，也不是主观的东西，而是个体与环境交互作用的过程中逐渐建构的结果，知识与社会中的个体和环境形成了密不可分的联系。它是人们对客观世界的一种解释或假设，是人脑内部对客观世界提供的信息材料的主观创造，是一种主体性的存在，是动态的、开放的、自我调节的系统，是个体在出于各种目的而试图理解所生活的社会或自然环境过程中的认知建构或创造的过程。

（2）知识的建构性

建构主义认为，知识是不能传播的，知识是学习者自己建构的。它一再强调学习是学习者主动建构意义的过程。在这个过程中知识不是被教师传授给学生，而是在教师的指导下被建构。这种建构过程是以一个已有的知识结构（学习者的信念和先前取得的经验）作为基础的。学生在不断地接受一些新知识的同时，主动地根据先前的认知结构有选择性地感知这些外在信息，建构对新信息的理解。

（3）知识的社会性

建构主义认为，学习者知识的获得是学习个体与环境交互作用的结果，要重视学习中的相互作用。这个知识的建构过程不是封闭的，而应当是在学习群体中，通过合作学习，协商调节而完成的。具体说来，它包括个体的建构（个体与其学习环境的相互作用）、个体间的建构（如学生与教师的相互作用）及更大社会文化背景下的公共知识的建构。

2. 建构主义的学习观

（1）建构主义关于学习的含义

建构主义认为，知识不是通过教师传授得到，而是学习者在一定的情景即社会文化背景下，借助其他人（包括教师和学习伙伴）的帮助，利用必要的学习资料，通过意义建构的方式而获得的。由于学习是在一定的情景即社会文化背景下，借助其他人的帮助即通过人际间的协作活动而实现的意义建构过程，因此建构主义学习理论认为"情景""协作""会话"和"意义建构"是学习环境中的四大要素或四大属性。情景是指学习环境中的情景必须有利于学生对所学内容的意义建构。协作发生在学习过程的始终。协作对学习资料的收集与分析、假设的提出与验证、学习成果的评价直至意义的最终建构均有重要作用。会话是协作过程中不可或缺的环节。学习小组成员之间必须通过会话商讨如何完成规定的学习任务计划。此外，协作学习过程也是会话过程，在此过程中，每个学习者的思维成果（智慧）为整个学习群体所共享，因此会话是达到意义建构的重要手段之一。意义建构是整个学习过程的最终目标。所谓建构的意义是指事物的性质、规律及事物之间的内在联系。在学习过程中帮助学生建构意义，就是要帮助学生对当前学习内容所反映的事物的性质、规律及该事物与其他事物之间的内在联系达到较深刻的理解。这种理解在大脑中的长期存储形式就是前面提到的"图式"，也就是关于当前所学内容的认知结构。由以上所述的学习的含义可知，学习的质量是学习者建构意义能力的函数，而不是学习者重现教师思维过程能力的函数。换句话说，获得知识的多少取决于学习者根据自身经验去建构有关知识的意义的能力，而不取决于学习者记忆和背诵教师讲授内容的能力。

（2）建构主义的学习观

①强调学生学习的主动性。

建构主义学习观认为，学习是一个积极主动的建构过程，学习者不是被动地接收外在信息，而是主动地根据先前认知结构注意和有选择性的知觉外在信息，建构当前事物的意义。

②强调学生独特的个体经验和能力。

建构主义学习观认为，学习者具有丰富的经验和独特的能力，学习意义的获得，是每个学习者以自己原有的知识经验为基础，对新信息重新认识和编码，建构自己的理解。在这一过程中，学习者原有的知识经验因为新知识经验的进入而发生调整和改变，由此引发认知结构的重组。

③强调理解的丰富性、多样性。

建构主义学习观认为，每个学生都有丰富的内心世界，每个学生的经验都是独特的，不同的学生常常会对同一个问题表现出不同的理解，提出不同的解决方案。因此，学习者的建构是多元化的，由于事物存在复杂多样性，学习情景存在一定的特殊性，以及个人的先前经验存在独特性，每个学习者对事物意义的建构将是不同的。

④强调学习的情景性。

建构主义学习观认为，学生只有在真实的社会生活情景或创设的类似于现实生活的情景中进行知识的学习，才有助于对抽象知识的理解和掌握，才有助于学生把知识灵活地运用于现实世界中，从而有效地解决问题，学生的学习兴趣和学习热情才会被激起。

⑤强调学习中的社会性相互作用。

建构主义学习观认为，每个学习者都有自己的经验世界，不同的学习者可以对某种问题形成不同的假设和推论，而学习者可以通过相互沟通和交流，相互争辩和讨论，合作完成一定的任务，共同解决问题。同时学习者可以与教师、学科专家等展开充分的沟通。这种社会性相互作用可以为知识建构创设一个广泛的学习社群，从而为知识建构提供丰富的资源和积极的支持。

3. 建构主义学习理论对英语课堂活动设计的启示

（1）凸显以学生为中心的英语课堂教学活动设计

建构主义学习理论强调学生是认知的主体，是意义的主动建构者，所以把学生对知识的意义建构作为整个学习过程的最终目的。在建构主义学习理论的指导下，英语课堂教学活动设计更要体现学生的主体地位，从活动情景的创设，到活动过程的设计，再到教师的引导，都要本着以学生为本的理念，既要保证学生对活动内容、方式方法的自主选择和决定权，又要激发和引导学生对外部环境进行积极的探索。因此，教师应当把英语教学的目的要求和阶段要求向学生宣布，让学生心中有数。教师还应当根据自己的教学观念，指出各个阶段的要求和侧重点及学生所应采取的行动。在整个教学活动过程中，教师要不断引导学生总结学习经验，制定学习策略，发挥学生的主观能动性，让学生主动地学习。

（2）建立有利于协作和对话的学习环境

建立一个师生和生生之间平等的合作与交流氛围是学生在英语教学活动中完成意义建构的基础。教师要改变传统的师生观和教学观，淡化权威意识。除此之外，教师要善于分析学习内容，确定符合建构主义学习理论要求的英语教学活动内容，然后分析学生，设计适合学生能力与认知水平的学习问题，再在教学目标的基础上，创设真实的活动情景，激发学生学习的兴趣，为学生提供完成学习任务需要的学习资源和必要的认知工具，帮助学生深入开展活动。同时，教师要对学生进行管理和帮助设计，帮助学生搭建脚手架，即教师在创设的情景下，提供新旧知识间联系的线索，引导学生将新知识与原有的经验相联系，并且进行思考，再在师生和生生讨论、交流活动的基础上逐步深入思考，最后帮助和引导学生进行意义建构。

（3）强调学习情景的真实性，重视合作和交流

建构主义学习理论认为，学生的学习是与真实的或类似于真实的情景相联系的。在实

际情景下进行学习，可以激发学生的学习动机，培养学生的学习兴趣，充分调动学生学习的积极性，有助于学生更好地利用自己原有认知结构中的有关经验同化和顺应当前学习到的新知识。因此，教师设计的教学活动应尽量贴近学生的生活，引导学生在真实的情景中运用语言。同时，建构主义学习理论注重学习过程中学习者之间的交流与合作（包括学生与教师之间、学生与学生之间、学生与学习环境之间的交流与合作）。学习是在一定的情景即社会环境背景下，借助其他人的帮助即通过人际间的协作活动而实现的意义建构过程。因此在教学中要加强合作与交流，教师设计的课堂活动应面向全体学生，考虑活动的实用性，注重学生的参与率。可以通过设计结对子活动、小组活动和集体活动等，使学生在和谐气氛中进行语言交际，集思广益开阔思路，在同伴或同组成员的鼓励下，大胆开口，亲身体验学习经历，体验成功的喜悦。学生只有参与到课堂活动中，发挥学习的主观能动性，才能从活动中获取相应的知识，从而提高学习效果。

（4）注重英语课堂活动的多样化评价

建构主义学习理论认为，教学评价的重点应该是知识获得的过程，而不仅仅是结果。教学评价应重视评价学生知识建构过程，包括如何寻找知识、认知策略与自我监控、认知卷入及知识建构中的探究与创新能力等，这些都应包括在教学评价内容中；主张从多维度、多层次的角度评价学习结果，评价要立足反映学生知识建构过程中的水平差异，如在知识框架、策略水平、反思与批判思维水平及创新能力等方面；强调教学评价内容设计要注意影响学生的思维发展。因此，在组织学生进行活动评价时既关注学生的学习结果，也关注学生在学习过程中的变化与发展，关注学生情感、态度和价值观的变化，教学的评价应基于动态的、连续的、不断呈现学生进步的学习过程，这就要求英语课堂活动的评价要趋于多元化，主要体现在以下几个方面：第一，评价的重心是教学活动过程。教学评价应贯穿于教学活动的每一个环节，不仅要重视学习结果的评价，更应重视它的过程性评价。第二，评价的目标和内容要多元化。评价应体现以"人的发展为本"的思想，体现对个体发展需要的尊重，关注和承认学生的差异性。第三，活动教学评价的方法要多样化。由于评价目标、内容、主体的多元化，必然要求评价方法、手段的多样化。教师要将评价的主动权交给学生，学生的注意力由注重结果发展为注重过程与结果相结合，不仅要培养学生批判性的思维，而且要培养学生的创新意识，学生在评价同伴的同时也是在进行自我反思的过程。

四、认知主义学习理论

（一）认知主义学习理论简介

认知主义学习理论是通过研究人的认知过程来探索学习规律的学习其理论。认知主义学习理论与行为主义学习理论相对立，源自格式塔学派的认知主义学习论，经过一段时间的沉寂之后，再度复苏。从 20 世纪 50 年代中期之后，随着布鲁纳、奥苏贝尔（David P.Ausubel）等一批认知心理学家大量创造性的工作，学习理论的研究自爱德华·桑代克（Edward Lee Thorndike，美国，心理学家）之后又进入了一个辉煌时期。他们认为，学习就是面对当前的问题情景，在内心经过积极的组织，从而形成和发展认知结构的过程，强调刺激反应之间的联系是以意识为中介的，强调认知过程的重要性。因此，认知主义的学习论在学习理论研究中开始占据主导地位。认知派学习理论家认为学习在于内部认知的变化，学习是一个比 S（刺激）-R（反应）联结要复杂得多的过程。他们注重解释学习行为的中间过程，即目的、意义等，认为这些过程才是控制学习的可变因素。

（二）认知主义学习理论观点、贡献及不足

认知主义学习理论是通过研究人的认知过程来探索学习规律的学习理论。主要观点包括：①人是学习的主体；②人类获取信息的过程是感知、注意、记忆、理解、解决问题的信息交换过程；③人们对外界信息的感知、注意、理解是有选择性的；④学习的质量取决于效果。

认知派学习理论为教学论提供了理论依据，丰富了教育心理学的内容，为推动教育心理学的发展立下了汗马功劳。认知派学习理论的主要贡献是：①重视人在学习活动中的主体价值，充分肯定学习者的自觉能动性。②强调认知、意义理解、独立思考等意识活动在学习中的重要地位和作用。③重视人在学习活动中的准备状态，即一个人学习的效果，不仅取决于外部刺激和个体的主观努力，还取决于一个人已有的知识水平、认知结构、非认知因素。准备是任何有意义学习赖以产生的前提。④重视强化的功能。认知派学习理论由于把人的学习看成一种积极主动的过程，因而很重视内在的动机与学习活动本身带来的内在强化的作用。⑤主张人的学习的创造性。布鲁纳提倡的发现学习论就强调学生学习的灵活性、主动性和发现性。它要求学生自己观察、探索和实验，发扬创造精神，独立思考，改组材料，自己发现知识、掌握原理原则，提倡一种探究性的学习方法。它还强调通过发现学习来使学生开发智慧潜力，调节和强化学习动机，牢固掌握知识并形成创新的本领。

认知主义学习理论的不足之处是没有揭示学习过程的心理结构。我们认为学习心理是由学习过程中的心理结构，即智力因素与非智力因素两大部分组成的。智力因素是学习过程的心理基础，对学习起直接作用；非智力因素是学习过程的心理条件，对学习起间接作用。只有使智力因素与非智力因素紧密结合，才能使学习达到预期的目的，而认知主义学习理论对非智力因素的研究是不够重视的。

（三）认知主义学习理论流派及观点

1.格式塔学习理论

格式塔学习理论可以说是现代认知主义学习理论的先驱，在 20 世纪初由心理学家韦

特墨（M.Wetheimer，德国，心理学家）、柯勒（W.Kohler，美国，心理学家）和考夫卡（K.Koffka，美籍德裔，心理学家）在研究视错觉现象的基础上创立。该学派反对把心理还原为基本元素，把行为还原为刺激—反应联结。他们认为思维是整体的、有意义的知觉，而不是联结起来的表象的简单集合；学习是在于构成一种完形，是改变一个完形为另一个完形；他们认为学习的过程不是尝试错误的过程，而是顿悟的过程，即结合当前整个情景对问题的突然解决。所谓格式塔，是德语 Gestalt 的译音，意即"完形"。其著名的实验便是柯勒做的猩猩吃香蕉的实验：把香蕉悬在黑猩猩取不到的木笼顶上，笼中黑猩猩在试图跳着攫取香蕉几次失败后，干脆不跳了，它若有所思地静待了一会儿，突然把事先放在木笼内的箱子拖到放香蕉的地方，一个够不着，将两个箱子叠在一起，爬上箱子取下了香蕉。根据这个实验，柯勒认为，黑猩猩在未解决这个难题之前，对面前情景的知觉是模糊的、混乱的。当它看出几个箱子叠起来与高处的香蕉的关系时，它便产生了顿悟，解决了这个问题。因此，学习是由顿悟而实现的，学习就是知觉的重新组织。格式塔学派重视知觉组织和解决问题的过程及创造性思维，这些都为现代认知心理学奠定了基础。

2. 格式塔学习理论的基本观点

（1）学习即知觉重组或认知重组

格式塔心理学家对学习的解释，往往倾向于使用知觉方面的术语。学习意味着要觉察特定情景中的关键性要素，了解这些要素是如何联系的，识别其中内在的结构。所以，学习与知觉、认知几乎是同义词。通过学习，会在头脑中留下记忆痕迹，记忆痕迹是因经验而留在神经系统中的。但格式塔心理学认为，这些痕迹不是孤立的要素，而是一个有组织的整体，即完形。因此，学习主要不是加进新痕迹或减去旧痕迹的问题，而是要使一种完形改变成另一种完形。这种完形的改变可以因新的经验而发生，也可以通过思维而产生。格式塔学习理论所关注的，正是发生这种知觉重组的方式。所以，在格式塔心理学家看来，一个人学到些什么，直接取决于他是如何察觉问题情景的。如果一个人看不出呈现在他面前的问题，看不出各种事物之间的联系，那么他对事物的知觉就还处在无组织的、未分化的状态，因而也就无所谓学习了。一个人学习的方式，通常是从一种混沌的模糊状态，转变成一种有意义的、有结构的状态，这就是知觉重组的过程。

（2）顿悟学习可以避免多余的试误，同时又有助于迁移

格式塔心理学家认为，通过对问题情景的内在性质有所顿悟的方式来解决问题，就可以避免与这一问题情景不相干的大量随机的、盲目的行动，而且有利于把学习所得迁移到新的问题情景中去。韦特墨区别了两种类型的问题解决办法：一类是只有首创性的和顿悟式的解决办法；另一类是不适当地应用老规则，因而不能真正解决问题的办法。顿悟学习的核心是要把握事物的本质，而不是无关的细节。

（3）真正的学习是不会遗忘的

格式塔心理学家认为，通过顿悟获得的理解，不仅有助于迁移，而且不容易遗忘。现在几乎每一本心理学教材都提及著名的遗忘曲线，即艾宾浩斯（Hermann Ebbinghaus，德国，心理学家）的无意义音节的遗忘曲线。但在格式塔心理学家看来，人类所学习的内容，都是有意义的。无意义音节的遗忘曲线在人类学习中并没有什么指导意义。恰恰相反，通过顿悟习得的内容，一旦掌握后，就永远也不会遗忘。顿悟将成为我们知识技能中永久的部分。用现代认知信息加工心理学的术语来说，顿悟的内容是进入了长时记忆，并将永远保留在学习者的头脑中。

（4）顿悟学习本身就具有奖励的性质

格式塔心理学家认为，真正的学习常常会伴随着一种兴奋感。学习者了解到有意义的关系，理解了一个完形的内在结构，弄清了事物的真相，会伴有一种令人愉快的体验。这是人类所能具有的最积极的体验之一。在没有其他诱因动机时，在不可能用顿悟的方式来理解学习时，也不妨可以使用一些外部奖励。就一般而言，达到理解水平本身就具有自我奖励的作用。例如，一些人对智力拼图、字谜填空玩得津津有味。有时看上去简直不大可能完成，当他们突然发现解决办法时，就会有一种获得顿悟的快感。

（5）顿悟说及对尝试错误说的批判

在格式塔心理学家看来，学习是一种智慧行为，是一种顿悟过程，需要有理解、领会与思维等认识活动的参与，并且它是一种突现、速变、飞跃的过程。顿悟学习有其特点，可归纳如下：问题解决前尚有一个困惑或沉静的时期，表现得迟疑不决，有长时间停顿；从问题解决前到问题解决之间的过渡不是一种渐变的过程，而是一种突发性的质变过程；在问题解决阶段，行为操作是一个顺利的不间断的过程，形成一个连续的完整体，很少有错误的行为；由顿悟获得的问题解决方法能在记忆中保持较长的时间；由顿悟而掌握的学习原则有利于适应新的情景，解决新的问题。格式塔学派的顿悟说与桑代克的尝试错误说是针锋相对、势不两立的。

（6）创造性思维

韦特墨（M.Wetheimer）曾对思维问题进行过系统的研究，他把顿悟学习原理运用到人类创造性思维探讨中，并建议通过把握问题的整体来进行这种思维。他认为要想创造性地解决问题，就必须让整体支配部分，即使在有必要关注问题细节之时，也绝不能忽视问题的整体。也就是说，必须把细节放在问题的整体中，把它们与整体结构联系起来加以考虑。这是一种自上而下、由整体到部分的思维。他认为要使人们顺利地解决问题，必须把问题的整个情景呈现出来，使之能对问题有个完全概观，绝不能像桑代克那样，有意地把解决问题的方法和途径藏起来，迫使被试不得不去盲目试误。

韦特墨强烈反对由试误说和条件反射说所引发出来的在教育领域中所采用的死记硬背和机械训练的方法。他指出，教师在教学中的首要任务是帮助学生通览问题情景，使他们明白怎样去解决，为什么这样解决问题，争取在理解、领会问题的前提下产生顿悟。他还认为学习贵在打破旧有知识和模式的束缚，争取在对问题领域的基础上产生顿悟，掌握解决问题的原则，做到触类旁通、举一反三，促进智力水平的提高。

3. 托尔曼的认知—目的论

爱德华·托尔曼（Edward C.Tolman）是美国心理学家，既是新行为主义代表人物之一，也是认知行为主义的创始人。他的认知学习理论促进了认知心理学及信息加工理论的产生和发展，被认为是认知心理学的起源之一。

托尔曼的认知—目的论基本观点如下。

（1）一切学习都是有目的的活动

托尔曼认为，学习是有目的、趋向于目标、受目标指导的。学习产生于有目的的活动中，尽管刺激可以引起反应的发生，但学习者对刺激的主观认识指导着试误反应的进行。托尔曼认为，学习就是期待的获得，学习者有一种期待的内在状态，推动学习者对达到目的的环境条件产生认知。有机体的行为都在于达到某个目的，并且在于学会达到目的的手段。

（2）为达到学习目的，必须对学习条件进行认知

托尔曼认为，有机体的学习不仅具有目的性，而且具有认知性。因为有机体在达到目的的过程中，会碰到各种各样的情景和条件，他必须对这些情景和条件因素进行认知，才能掌握达到目的的手段，并利用掌握的手段去达到学习的目的。

托尔曼用"符号"来代表有机体对环境的认知。他认为，学习者在达到目的的过程中，学习的是能达到目的的符号及符号所代表的意义，并形成一定的"认知地图"，这才是学习的实质。托尔曼的学习目的和学习认知概念，直接来自格式塔学派的完形说，汲取了完形派思想中某些积极成果，认为行为表现为整体的行为，这种有目的的整体性的行为是学习认知的结果。托尔曼把试误论与目的认知论相结合，认为在刺激和反应之间有目的与认知等中介变量，因而不但要研究行为的外部表现，还要探讨内部大脑活动。关于学习出现的原因，托尔曼认为外在的强化并不是学习产生的必要因素，不强化也会出现学习。

4. 韦纳的归因理论

伯纳德·韦纳（Bernard Weiner）是当代美国著名教育心理学家。韦纳的主要研究领域是社会心理学和教育心理学，研究兴趣是动机情绪和归因理论。他的动机理论将海德（F.Heider）等人的归因理论和阿特金森（J.W.Atkinson）等人成就动机理论有机地结合起来，成功地对人类行为的动因做出了认知解释，提出了一个完整的动机和情绪归因模式，从而把动机、情绪、归因等问题有机地结合起来，超越了过去动机问题研究中占主导地位的本能论、驱力论等的局限性。韦纳在动机归因理论方面的研究引起了教育心理学界的广泛重

视，并成为当代教育心理学研究的一个热点。他的研究反映了当代动机问题研究的新成果。

归因理论是关于判断和解释他人或自己行为结果的原因的一种动机理论。韦纳认为，人们对行为成败原因的分析可归纳为以下六个方面。

第一，能力，个人评估对该项工作是否胜任；

第二，努力，个人反省、检讨在工作过程中是否尽力而为；

第三，工作难度，凭个人经验判定该项工作的困难程度；

第四，运气，个人自认为此次各种成败是否与运气有关；

第五，身心状况，工作过程中个人当时身体及心情状况是否影响工作成效；

第六，其他，个人自觉此次成败因素中，除上述五项外，尚有其他什么事关人与事的影响因素（如别人帮助或评分不公等）。

以上六项因素作为一般人对成败归因的解释或类别，韦纳按各因素的性质，分别纳入以下三个向度之内。①因素来源：指当事人自认影响其成败因素的来源，是个人条件（内控），抑或来自外在环境（外控）。在此向度上，能力、努力及身心状况三项属于内控，其他各项则属于外控。②稳定性：指当事人自认影响其成败的因素，在性质上是否稳定，是否在类似情景下具有一致性。在此向度上，六项因素中能力与工作难度两项是不随情景改变的，是比较稳定的，其他各项则均为不稳定者。③能控制性：指当事人自认影响其成败的因素，在性质上是否能由个人意愿所决定。在此向度上，六项因素中只有努力一项是可以凭个人意愿控制的，其他各项均非个人所能为力。

韦纳等人认为，对成功和失败的解释会对以后的行为产生重大的影响。如果把考试失败归因为缺乏能力，那么以后的考试还会期望失败；如果把考试失败归因为运气不佳，那么以后的考试就不大可能期望失败。这两种不同的归因会对生活产生重大的影响。

5. 奥苏贝尔的认知同化论

戴维·奥苏贝尔（David P.Ausubel）是美国当代著名的认知心理学家。他创造性地吸收了同时代著名心理学家皮亚杰、布鲁纳等人的认知同化理论和结构论思想，提出了有意义的接受学习、同化、先行组织者等学习论思想，并使学习论与教学论有机地结合和统一。奥苏贝尔认为"学习是认知结构的重组"，他着重研究了课堂教学的规律。奥苏贝尔既重视原有认知结构（知识经验系统）的作用，又强调关心学习材料本身的内在逻辑关系。他认为学习变化的实质在于新旧知识在学习者头脑中的相互作用，那些新的有内在逻辑关系的学习材料与学生原有的认知结构发生关系，进行同化和改组，并在学习者头脑中产生新的意义。

（1）奥苏贝尔的认知同化论的主要观点

奥苏贝尔的学习理论将认知方面的学习分为机械的学习与有意义的学习两大类。机械学习的实质是形成文字符号的表面联系，学生不理解文字符号的实质，其心理过程是联想。

这种学习在两种条件下产生。一种条件是学习材料本身无内在逻辑意义，另一种条件是学习材料本身有逻辑意义，但学生原有认知结构中没有适当知识基础可以用来同化它们。有意义学习的实质是个体获得有逻辑意义的文字符号的意义，是以符号为代表的新观念与学生认知结构中原有的观念建立实质性的而非人为的联系。有意义学习过程就是个体从无意义到获得意义的过程。这种个体获得的意义又叫心理意义，以区别于材料的逻辑意义。所以有意义学习过程也就是个体获得对有意义材料的心理意义的过程。

有意义的学习是以同化方式实现的。所谓同化，是指学习者头脑中某种认知结构吸收新的信息，在新的观念被吸收后，原有的观念亦随之发生变化。

概念被同化的特征是学习者将概念的定义直接纳入自己的认知结构的适当部位，通过辨别新概念与原有概念的异同而掌握概念，同时将概念组成按层次排列的网络系统。

奥苏贝尔认为有意义的学习必须具有下列条件：①新的学习材料本身具有逻辑意义。教材一般符合此要求。②学习者认知结构中具有同化新材料的适当知识基础（固定点），便于与新知识进行联系，也就是具有必要的起点。③学习者还必须具有进行有意义学习的倾向，即积极地将新旧知识关联起来的倾向。④学习者必须积极主动地使这种具有潜在意义的新知识与认识结构中的旧知识发生相互作用。

（2）同化可以通过接受学习的方式进行

接受学习是指学习的主要内容基本上是以定论的形式被学生接受的。对学生来讲，学习不包括任何发现，只要求学生把教学内容加以内化，即把它结合进自己的认知结构之内，以便将来能够将其再现或派作他用。

接受学习是有意义的学习，它也是积极主动的，与"师讲生听"的满堂灌教学有质的不同。学生在校学习的主要任务是接受系统知识，要在短时间内获得大量系统的知识，并能得到巩固，主要靠接受学习。接受学习强调从一般到个别，发现学习强调从个别到一般。接受学习和发现学习，都是积极主动的过程。它们都重视内在的学习动机与学习活动本身带来的内在强化作用。

6. 加涅的学习理论

加涅（Robert M.Gagne）是美国当代教育心理学家。加涅在教育心理学方面做出了很大贡献。他所关注的重点是把学习理论研究的结果运用于教学设计。他曾当选为美国心理学会教育心理学分会主席、美国教育研究会主席，曾获美国心理学会颁发的桑代克教育心理学奖和杰出科学贡献奖。他后半生将主要精力集中于学习理论、教学设计乃至教育技术学基础理论的研究和构建中，并成为心理学和教育技术学这两个研究领域公认的大师级人物。

加涅的学习理论是在联结主义和认知观点相结合的基础上，运用现代信息论的观点和方法，通过大量实验研究工作建立起来的。他认为学习过程是信息的接收和使用的过程，学习是主体和环境相互作用的结果。他认为心理的发展是积累学习的结果，"个体先前的学习导致个体的智慧日益发展"，学习及其心理发展就是形成一个意义上、态度上、动机上相互联系的认知结构。这里既有联结又有认知。加涅的学习理论主要观点如下。

（1）学习层级论

加涅意识到，人类学习的复杂性程度是不一样的，是由简单到复杂的。据此，他按八类学习的复杂性程度，提出了累积学习的模式，一般称为学习的层次理论。他的基本论点是，学习任何一种新的知识技能，都是以已经习得的、从属于它们的知识技能为基础的。例如，学生学习较复杂、抽象的知识，是以较简单、具体的知识为基础。学生心理发展的过程，除基本的生长因素外，主要是各类能力的获得过程和累积过程。加涅通过描述八个学习层次来研究学生理智技能的累积方式。这八个学习层次是信号学习、刺激—反应联结学习、动作连锁、言语联想、辨别学习、概念学习、规则学习和问题解决。加涅把上述八类学习看作学生理智技能的八个方面。其中前四类学习是基础性的，相对说来比较简单，而且有相当一部分是在学龄前就已习得的，因而，学校教育更关注的是后面四类学习，但这并不意味着前四类学习不重要。加涅学习层次说的一个重要特征是：学习是累积性的。较复杂、较高级的学习，是建立在基础性学习的基础上的。每一类学习都是以前一类学习为前提的。

（2）知识阶层论

加涅认为知识是一个完整的体系，学生学习就是掌握大量有组织的知识体系。只有这样，学生才能在新情况下更好地运用知识解决问题。完整的体系表现为学习是一个连续的过程，前边的学习是后边的基础。知识体系好像一个金字塔式，其结构模式基础是许多具体的事物和对象，在这些基础上形成了各种各样的概念。许多概念组成了有具体内容的规则、原理、公式，而在它们的上端又形成了高级规则。

（3）学习过程论

加涅根据信息加工理论提出了学习过程的基本模式，他认为学习过程就是一个信息加工的过程，即学习者将来自环境刺激的信息进行内在的认知加工的过程。根据上述信息加工的流程，加涅进一步认为，学习包括外部条件和内部条件，学习过程实际上就是学习者头脑中的内部活动。与此相应，他把学习过程划分为八个阶段：动机阶段、了解阶段、获得阶段、保持阶段、回忆阶段、概括阶段、操作阶段和反馈阶段。各阶段进程表现为一条链锁，反映了外部条件与内部过程的关联，体现了学习是内部状态和外部条件共同作用的结果。学习过程的八个阶段具体如下。

①动机阶段。

要使学习得以发生，首先应该激发起学习者的动机。要促进学习者的学习，就要使他们具有一种奔向某个目标的动力。要把学习者想要达到的目标，也就是头脑中的期望，与学生的实际学习活动联系起来，并激起学生学习的兴趣。

②了解阶段。

在了解阶段，学习者的心理活动主要是注意和选择性知觉。具有较高学习动机的学习者容易接受外部刺激，使外部信息进入自己的信息加工系统，并储存到自己的记忆中。但并不是所有的外部刺激都能够被学习者接受，在知觉过程中，学习者会依据他的动机和预期对信息进行选择，他会把自己的注意放在那些和自己的学习目标有关的刺激上。

③获得阶段。

对外部信息一旦开始注意和知觉，学习活动就可进入获得阶段。获得阶段指的是所学的东西进入了短时记忆，也就是对信息进行了编码和储存。

④保持阶段。

经过获得阶段，已编码的信息将进入长时记忆存储器，这种存储可能是永久的，而且应指出的是，长时记忆的能力是很大的，至今还没有实验证实出大脑记忆容量的极限。

⑤回忆阶段。

回忆阶段也就是信息的检索阶段，这时，所学的东西能够作为一种活动表现出来。在这个阶段中，线索是很重要的，提供回忆的线索将会帮助人回忆起那些难以回忆起来的信息。

⑥概括阶段。

对所学东西的提取和应用并不限于同一种学习情景，它不是只在所学内容的范围里才出现的，人们常常要在变化的情景或现实生活中利用所学的东西，这就需要实现学习的概括化。学习者要想把获得的知识迁移到新的情景，首先依赖于知识的概括，同时也依赖于提取知识的线索。

⑦操作阶段。

操作阶段也就是反应的发生阶段，就是反应发生器把学习者的反应命题组织起来，使它们在操作活动中表现出来，因此，作业的好坏是学习效果的反映，当然，我们并不能用个别的作业来说明一般成绩。教师在这一阶段要提供各种形式的作业，使学习者有机会表现他们的操作活动。

⑧反馈阶段。

通过操作活动，学习者认识到自己的学习是否达到了预定的目标。这种信息的反馈就是强化的重要组成因素。学习者看到学习的结果，从而在内心得到了强化，而强化过程对人类的学习来说是很重要的，它证实了预期的事项，从而使学习活动告一段落。

可见，加涅的学习过程八个阶段及其相应的心理活动过程，较为具体地展现了学生学习过程的一般结构模式，揭示了人类掌握知识、技能、形成认识能力的全过程。同时，加涅指出，学习过程的八个阶段可以分为三个部分，即准备、操作和迁移。加涅认为，将学习过程与教学事件相联系对有效的教学设计来说有深远的意义。"准备"包括注意、预期目标和提取原有知识。"操作"包括选择性知觉、语义编码、反应和强化。"学习迁移"包括根据线索提取知识和技能一般化。

（4）学习条件论

加涅强调已有的认知结构在学习中的作用。他认为新的学习一定要适合学习者当时的认知发展水平，他还认为学习的理想条件是新输入的信息和提出的要求与学习者已有的知识结构之间存在矛盾和差距，并且只有在这种条件下才能促进学习。学习是个体与环境相互作用的结果，是促进人智慧发展的主要贡献力量。那么学习究竟怎样才能发生呢？在加涅看来，学习条件作用于学习者的学习过程而得以发生。学习的条件有内部的和外部的。内部的学习条件是指学生开始学习新的内容时应该具备的知识和能力，而外部条件则是教学提供的一个外部环境，当所需要的学习内部条件和外部条件在学习者的学习过程中出现并作用于学习者的内部信息加工过程时，学习者的行为发生预期的变化，这时学习发生了。内部的学习条件可以细分为必要性的和支持性的。个体已习得的性能是必要的内部学习条件，它的缺乏将使学习无法进行。例如，识字是学会打字的必要前提条件，不识字就不可能学会打字。支持性的前提条件有利于学习的进行，但却不是必要的，如 IQ 和动机。IQ 高，学习速度快；IQ 低，学习也可以进行，只是速度减慢。加涅认为学习的目的在于建立和完善内部的学习条件，以保证新的学习顺利进行。对学校教育而言，外部的学习条件指相应的教学活动。学习条件可以形成教学理论的基础，这些理论反过来又能对教师规划教学和开展教学活动提供指导。

（5）学习结果分类论

加涅将人类学习分成五类，分别是言语信息、智慧技能、认知策略、动作技能和态度。这五类学习代表了个体所获得的所有学习结果。加涅强调，每种不同类型的学习所适用的教学方法是不同的。言语信息包括名称、符号、事实和原则。为了使言语信息的学习得以发生，言语信息的内容对学习者必须是有意义的。教授言语信息应将新的信息与学习者原有的知识相联系。言语信息的学习是通过让学习者给词下定义，或以说出某省省会的名称这样的方式来评价的。智慧技能是学习者习得的运用符号对外办事的能力，如使用符号、做决定、运用规则或知晓如何做某事。为了使学习者习得智慧技能，教学应提供各种能指引学习者正确解决问题的例子和规则。通过请学习者举例或解决问题，可有效地评价智慧技能的习得。认知策略是一种特殊的智慧技能，是人们运用概念和规则对内调控的能力。认知策略的习得能使个体更好地解决问题。教学描述，演示策略，并让学习者练习、实践，有助于学习者的认知策略得到发展。提供有待解决的新问题情景是评价认知能力的一个途径。动作技能是个体习得的用一套操作规则支配肌肉协调的能力，如系鞋带、写字、打球等。提高动作技能的教学方法是操练。对动作技能进行评价可要求学习者在一定时间内或以一定的精确度完成某项任务。态度是个体习得的相对稳定的影响个体行为选择方向的内部状态。态度的教学主要是提供范例，即榜样。

7. 布鲁纳的认知—发现学习说

布鲁纳是美国著名的认知教育心理学家，他反对以强化为主的程序教学，认为引导学生一步一步地学习，只能导致学生的呆读死记，而不能保证学生在另一种情景中运用这些知识。他倡导发现学习，强调学科结构在学生认知结构形成中的重要作用，他从认知心理学的观点出发，对学生的学习、动机及教学等方面进行全面阐述。布鲁纳主张，学习的目的在于以发现学习的方式，使学科的基本结构转变为学生头脑中的认知结构。因此，他的理论常被称为认知—发现学习说或认知—结构教学论。

（1）布鲁纳的认知学习理论基本观点

布鲁纳的认知—发现学习说、托尔曼的思想和皮亚杰发生认识论思想的影响，认为学习是一个认知过程，是学习者主动地形成认知结构的过程。而布鲁纳的认知学习理论与完形说及托尔曼的学习理论又是有区别的。其中最大的区别在于完形说及托尔曼的学习理论是建立在对动物学习进行研究的基础上的，所谈的认知是知觉水平上的认知，而布鲁纳的认知学习理论是建立在对人类学习进行研究的基础上的，所谈的认知是抽象思维水平上的认知。布鲁纳认知学习理论的基本观点主要表现在以下几个方面。

第一，学习是主动地形成认知结构的过程。

认知结构是指一种反映事物之间稳定联系或关系的内部认识系统，或者说，是某一学习者观念的全部内容与组织。人的认识活动按照一定的顺序形成，发展成对事物结构的认识后，就形成了认知结构，这个认知结构就是类目及其编码系统。布鲁纳认为，人是主动参加获得知识过程的，是主动对进入感官的信息进行选择、转换、存储和应用的。也就是说，人是积极主动地选择知识的，是记住知识和改造知识的学习者，而不是被动的知识接受者。布鲁纳认为，学习的过程实际上是人们利用已有的认知结构，对新的知识经验进行加工改造并形成新的认知结构的过程。在学习中，新的知识经验不是纳入原有的认知结构（同化），就是引起原有的认知结构的改组（顺应），从而产生新的认知结构。这个过程不是被动地产生的，而是一种积极主动的过程。布鲁纳认为学习包括三种几乎同时发生的过程，这三种过程是新知识的获得、知识的转化和知识的评价。这三个过程实际上就是学习者主动地建构新认知结构的过程。

第二，认知学习过程包含同时发生的三个过程。

布鲁纳认为，学生不是被动的知识接受者，而是积极的信息加工者。学生的学习包括三个几乎同时发生的过程：①获得新信息；②转换信息，使其适合于新的任务；③评价、检查加工处理信息的方式是否适合于该任务。所谓新的知识，是指与已往所知道的知识不同的知识，或者是已往知识的另一种表现方式。新知识的获得是与已有知识经验、认知结构发生联系的过程，是主动认识理解的过程，通过"同化"或"顺应"使新知识纳入已有的知识结构；知识的转化是对新知识进一步分析和概括，使之转化为另一种形式，以适应新的任务；评价是对知识转化的一种检验，检验对知识的分析、概括是否恰当，运算是否正确等。布鲁纳认为学生学习任何一门学科都有一连串的新知识，每一种知识的学习都要经过获得、转化和评价三个过程。

第三，强调对各门学科基本的知识结构的学习。

布鲁纳认为，任何知识都可以用一种简单明了的形式呈现出来，使每个学生都能理解。任何一门学科也都有其基本的知识结构。学生学习的主要任务是掌握该门学科基本的知识结构，在头脑中形成相应的知识体系或编码系统。他指出，教学不能逐个地教给学生每个事物，最重要的是使学生获得一套概括了的基本原理或思想。这些原理或思想构成了理解事物最佳的认知结构。教学的任务就在于让学生形成这种认知结构。为此，在教学活动中必须把各门学科基本结构的学习放在中心地位上。无论是教材的编写还是教学活动的进行，都应侧重于让学生掌握一门学科的基本结构。

他还列举了学习和掌握基本结构的五大优点：①如果学生知道了一门学科的基本结构或它的逻辑组织，学生就能理解这门学科；②如果学生了解了基本概念和基本原理，就有助于学生把学习内容迁移到其他情景中去；③如果教材的组织形式具有很强的内在知识结构性，将有助于学生记忆具体的知识细节；④如果给学生提供适当的学习经验，并对知识结构进行合适的陈述，即便是年幼的儿童也能学习高级的知识，从而缩小初级知识和高级知识之间的差距，便于从初级知识向高级知识的过渡；⑤有利于激发学生的学习兴趣，促进儿童智力的发展。

第四，强调基础学科的早期学习。

布鲁纳认为，任何学科的基本结构的学习应当及早开始。他提出一个大胆的假设："任何学科都能够用在智育上是诚实的方式，有效地教给任何发展阶段的任何儿童。"所谓诚实的方式，是指教材的形式、内容和教法要适合于儿童智力发展的水平。他强调，"不必奴性地跟随儿童认知发展的自然过程。向儿童提供挑战性但是适当的机会，会使其发展步步向前，也可以引导智慧的发展"。因此，他主张对基础学科的早期学习，关键在于发现既能答得了，又能使之前进的、难易恰当的问题。

第五，提倡发现法教学。

布鲁纳认为发现是教育儿童的主要手段，学生掌握学科的基本结构的最好方法是发现法。什么是发现法呢？布鲁纳认为，发现不只限于寻求人类尚未知晓的事物的行为，确切地说，它包括用自己的头脑亲自获得知识的一切形式。学生所获得的知识，尽管都是人类已知晓的事物，但如果这些知识是依靠学生自己的力量引发出来的，那么对学生来说仍然是一种"发现"。所谓发现法，是指设置一定的学习情景，让学生主动地探究和发现事物的特性、原理和原则的教学方法。发现法具有以下特征：①强调学生不是被动的、消极的知识接受者，而是主动的、积极的知识探究者。在教学过程中，教师的作用是要让学生形成一种独立探究的领域，让学生试着做，边做边想，而不是提供现成的知识。②强调直觉思维在学生学习上的重要性。他认为，直觉思维是采用跃进、超级和走捷径的方式来进行的，其本质是映象或图像性的，一般不靠言语信息。小学生的学习需要也有可能使用直觉思维，所不同的只是问题的难易程度，但问题的性质与科学家面临的问题性质是一样的。教师要帮助学生在探究活动中形成丰富的表象，防止过早语言化。③重视形成学生的内部学习动机，或把外部动机转化成内部学习动机。他认为好奇心是"学生内部动机的原型"。④强调信息提取。他认为，人类记忆的首要问题不是储存，而是提取。提取信息的关键在于如何组织信息，知道信息储存在哪里和怎样才能提取信息。所以，学生如何组织信息，对提取信息有很大的影响。而学生亲自参与发现事物的活动，必然会用某种方式对它们加以组织，从而对记忆具有最好的效果。

通过对发现法特征的分析，我们可以看到，发现法具有四种显著的效果：①有利于提高智力的潜能。②能促使外在动机向内在动机的转化，提高对学习材料的内在兴趣，增强发现的自信心。③能学会发现的试探方法。布鲁纳说："人们只有通过提出问题和致力于发现，方能学会发现的试探方法。"④有助于增强记忆。

（四）认知主义学习理论对英语课堂活动设计的启示

1. 教学活动设计要以学生为中心

认知主义学习理论把人看成主动的信息加工者，认为人脑在接收外界信息时不是消极的、被动的，它要用原有的知识和经验对这些信息进行选择、组织、加工、处理，抽取它们的本质特征，结合有关知识，选择其主要的、有用的信息把它们储存起来。学习过程是一个学习者主动接受刺激，积极参与许多问题建构和积极思维的过程。认知主义学习理论强调人在学习活动中的主体价值，充分肯定学习者的自觉能动性，这就启示我们在课堂教学活动中要充分发挥学生的主体性，以学生为中心进行教学活动设计。

2. 教学活动设计要重视减少学生的负荷

课堂教学活动设计要关注学生的认知过程。认知主义学习理论认为：有意义的学习就是把新知识和原有的知识联系起来，将新知识纳入原有的认知结构之中。由此可见，我们在设计课堂教学活动中，首先要分析学生现有的认知情况，包括认知水平和认知结构。在此基础上，设法激活学生原有的认知结构，使教师的教能够影响学生学习的内部认知过程，启发学生进行深水平的加工，从而调整充实原有的认知结构。为此，教师必须十分重视并精心设计教学活动开始前的"启发谈话"，此举不仅为了调动学生的学习兴趣，更为了有效地启动学生原有的认知情况。另外，教学内容的选择还应该考虑学生的接受能力，太简单了学生不感兴趣，太难了学生不能理解，就会产生厌学情绪。同时还要从学生"学"的角度来设计各种教学活动，使学生的学习具有更为明确的目标，而且还要使它们能构成一个有梯度的连续活动。其中，从学生"学"的角度来设计教学活动，可以使学生成为课堂主体，让学生在完成任务的过程中亲身体验，发现问题并找出解决的办法；使学生的学习具有更为明确的目标，学生才能进行有意识的学习，有意识地吸收和理解被输入的信息。

3. 教学活动要以关注学生发展为出发点和归宿

认知主义学习理论由于把人的学习看成一种积极主动的过程，因而很重视内在的动机与学习活动本身带来的内在强化作用，主张人的学习的创造性。布鲁纳提倡的发现学习论就强调学生学习的灵活性、主动性和发现性。它要求学生自己观察、探索和实验，发扬创造精神，独立思考，改组材料，自己发现知识，掌握原理原则，提倡一种探究性的学习方法。认知主义学习理论强调通过发现学习来使学生开发智慧潜力，调节和强化学习动机，牢固掌握知识并形成创新的本领。因此，教学的一切活动必须以调动学生的主动性和积极性，关注学生发展为出发点和归宿，不仅关注知识、技能的生成，更要关注学生的学习兴趣、情感和态度，保护学生的好奇心和勇于探索的精神，使课堂成为和谐的课堂、智慧生长的课堂。

4. 活动设计呈现形式和内容需是开放和多元的

认知主义学习理论重视人在学习活动中的准备状态，即一个人学习的效果，不仅取决于外部刺激和个体的主观努力，还取决于一个人已有的知识水平、认知结构、非认知因素。这就启示我们在教学之前要分析学生的认知结构与能力，确定教学的起点和内容的形式。因此，在课堂教学活动设计中，教师需要深入研究学生的认知现实，深入分析相关教材，设计体现不同教学风格的任务，设计体现富有个性的课堂活动。活动设计的呈现形式应是开放和多元的，可以是一节完整的课堂设计，还可以是一个课堂活动设计的片段，还可以是一个特定的活动情景设计，也可能是一个课外语言实践活动设计，也可以用多媒体手段呈现。同时，还要设计有梯度的连续活动，这样，可以充分考虑到学生的心理和智力发展的顺序性和阶段性特征，按照循序渐进的教学原则，使学生的新知识与原有知识能相互衔接，从而促进学生对语言知识的理解和内化。

第二节　课堂活动设计目标导向原理

一、教学目标的概念

从内涵上来看，教学目标有泛义、广义与狭义之分。

在泛义上，教学目标定位于教育与社会的关系，是一个泛化的视角，涵盖面是全层次的。首先，在这几个术语中，"意图"是总括性的，从抽象到具体，从宽泛到特定，涵盖了宗旨、目的和目标的概念。其次，在教育领域、课程领域和教学领域，许多学者是不区分教育目标、课程目标和教学目标的，或以教育目标称之，或以课程目标称之，或以教学目标称之，或不冠以"教育""课程""教学"之类的定语而直接称为"目标"，所指均覆盖了从抽象到具体的各个层次。最后，在教育、课程和教学等领域，人们用得比较多的是教育目标这一术语，并用以包含课程目标和教学目标；而课程目标和教学目标则分别主要在课程、教学领域里使用。

总的来说，泛义上的教学目标包含了教育方针、教育目的、教育目标、培养目标、课程目的、课程目标、科目教学目的、年级教学目标、单元教学目标和课时教学目标。

广义的教学目标定位于教育内部与学生的关系，是一个比较大的视角，它的涵盖面主要指教育目标，不包含教育方针和教育目的，只包含教育目标、培养目标、课程目的、课程目标、科目或学习领域教学目的、年级教学目标、单元教学目标和课时教学目标。

狭义的教学目标常常通过教学设计来规划具体的教学活动，教学设计的产品主要是课程标准、课程教学计划、年度教学计划、单元（课题）教学计划和课时教学计划（教案），教学目标就是专指这些课程与教学文件里设计和表述的目标。所以在狭义上，教学目标仅仅包含科目或学习领域教学目的、年级教学目标、单元教学目标和课时教学目标。

随着国内外学科的发展，教学论已经从传统大教学论发展为课程与教学论，教学目标和课程目标也就随之统一和整合了起来。总的来说，教学目标应该是师生双方所预期的。它既是教师教的目标，也是学生学的目标。教学目标实质上是学生学习的预期结果，在教学实践中既要重视教师的教，也要重视学生的主动学习。

二、教学目标的理论基础

教学目标导向原理建立在马克思主义理论基础上，运用哲学、语言学、心理学中精神复演、认知结构、行为主义、心理测量，以及教育学的一般原理如终身教育、智能教育、创造教育、素质教育等新观念形成理论，并以 20 世纪以来兴起的科学方法为指导，诸如自然科学的"老三论"和"新三论"，结合外语学科自身规律和特点发展起来的。

（一）马克思主义教育观

关于教育观，在西方主要有以下三大观点。以卢梭（Jean-Jacques Rousseau，法国，教育家）、福禄培尔（Fredrich Froebel，德国，教育家）、裴斯泰洛齐（Johan Heinrich Peslalozzi，瑞士，教育家）等人为代表的个人本位论，主张教育目的由个人本能、本性需要而决定。以那托尔普（Paul Natorp，德国，哲学家）、涂尔干（Emile Durkheim，法国，思想家）、凯兴斯泰纳（Georg Kerschensteiner，德国，教育家）等人为代表的社会本位论提出教育目的是由社会的需要而决定的。马克思主义认为教育受社会制约，社会生产力发展水平、生产力与生产关系为基础的政治经济制度性质决定教育目的的性质、方向与内涵，教育目的是要提高人的素质，全面发展人的能力。实践是真知的来源，是认识的基础，是检验真理和发展真理的标准。在教学中尊重人的独立自主精神，尊重人的现实活动，使参与活动的过程成为学习和接受教育的过程。

（二）系统论原理

形成于 20 世纪 40 年代的控制论、信息论、系统论，是构成当代横跨所有学科的综合性的科学方法论。它们的重要范畴有系统、要素、层次、结构、功能、过程、状态、变换等，它们从科学方法的角度对教学目标理论的研究具有一定的综合意义。

系统论的奠基人路德维希·冯·贝塔朗菲（Ludwig Von Bertalanffy，美国，生物学家和哲学家）认为"系统"是相互作用的诸要素的综合体。系统就其基本性质来说，是元素及其关系的总和。系统由要素、结构、环境三部分构成。所谓结构，是指诸要素在该系统范围内的秩序，也就是诸要素相互联系、相互作用的内在方式，系统的整体功能就是由结构实现的。所谓功能，是指过程的秩序。从本质上说，功能是由运动表现出来的，结构与功能是对立的统一。

系统的本质特征有以下几点。①有机的整体性，即系统是具有一定结构和功能的整体。②有机性，即一切系统整体性都体现为整体，是要素、环境之间的有机联系和辩证统一。③关联性，即各要素之间相互依存、相互制约、不可分割。④动态性，即指系统的关联性在时间上的变化。⑤有序性，即系统的层次性，系统中的物质能量、信息流通是以一定的渠道、有秩序地进行的。⑥集合性。一个系统至少由两个或两个以上的子系统构成，构成大系统的各子系统之间存在着联系，形成整体结构，这就是系统的集合性。⑦目的性。⑧适应性，即系统对环境的适应性。了解社会对人才的需求情况，找出教育工作与社会需要的差距，从而不断进行改革，使教育真正为社会主义现代化建设服务。⑨改造性，即系统对环境的改造能力。教育系统的功能和活动规律，体现在组成教育系统的各要素及其相互联系、相互作用、相互制约的关系中。

系统工程创始者之一霍尔（A.D.Hall，美国，心理学家）的三维结构方法常用于解决实际问题。三维结构包括逻辑维（解决问题的逻辑过程）、时间维（工作阶段）、知识维（专业学科知识）。霍尔的三维结构方法也适用于教育系统工程，只是内容有所不同，步骤也不完全一样。教育系统工作三维结构如下。时间维：更新、改进、系统评价、系统检查、系统开发、具体设计、制订计划；逻辑维：实施、决策、最优化、系统分析、系统综合、目标选择、问题阐述；知识维：管理、教育、专业知识、心理学、社会科学、自然科学、哲学。

总之，在课堂活动教学中要兼顾教学活动的整体性、有机性、关联性、动态性、有序性、集合性、目的性与改造性，运用三维结构方法设计并实施课堂活动，揭示课堂活动教学的规律。

（三）教育学理论

在教育学看来，教育本质是人类社会特有的、是在人与人之间有意识地进行的，意在促进人类生存、发展与实现社会化的知识面、技能与态度等的传授和交流活动。教学目标一般包含三个方面：一是社会性的目标，要求考虑国家、社会和未来赋予教育教学的历史使命和任务；二是学生方面的目标，要求考虑学生自身的身心发展、能力的培养、品德的养成等；三是与课程内容有关的目标，要考虑专业的特点和业务上的要求。美国教育家在20世纪90年代以后出版的有关成果导向教育的专著中揭示，成果导向教育理论是一种强调能力培养、能力训练的教育系统，是以人人都能学会为前提，以学生为中心、成果为导向而设计的，既要完成现在教育的要求，又要满足适宜公众未来的需要。教育要反映民族信念体系，反映民族文化、个人价值与潜力，实现为今日学习者的未来做准备。

活动是人的意识发展与个性形成的基础，活动在教学中有着重要价值，学生学习主动性的培养非常重要。基础教育的基本目标与核心价值在于学生个性养成，为此，必须为学生提供全面的课程与全面的活动。活动是一种课程方式，更是一种教育方式和教育价值观，是促进现代教学的原则。

（四）教育心理学

历史上教育心理学主要分为两大派：一是以洛克（Rock Howard，英国，哲学家）为代表的"白板说"，以及要素主义、行为主义、结构主义为代表的理论；二是以进步主义、皮亚杰的认知心理学和罗杰斯（Carl Ransom Rogers，美国，心理学家）为代表的人本主义心理学理论。

行为主义认为，心理学是自然科学中的一门纯客观的实验科学，其对象是行为，而不是心理或意识，主张排除内省法，代之以客观观察等方法，主要研究刺激与反应的联系。从行为主义的角度看，教学活动就是向教学对象施加的一系列刺激，教学目标只不过是对这些刺激必然引起的一系列反应的预测而已。

现代心理学强调人的心理活动，注重情感与认知的统一，形成以学生为中心的课程观和教学观。皮亚杰特别强调活动在人与环境、教育及遗传关系中的关键作用，鼓励学生自己发现、解决问题，通过与人交往提高理解能力，培养责任感与合作精神。无论是以上哪一种理论都提倡开展学生学习实践性、主动性、自主性和促进人的整体发展为目标的活动。

从科学的角度来看，科学的本质就是探索、发现真理。科学具有动态发展趋势，实践是探索真理、培养科学的态度、科研能力与形成科学的世界观的最有力保证。只有将学生引入自主的、积极的、充满活力与创造性的学习活动过程中，才能使学生得到真正的全面发展。

因此，要高效地实现教育发展目标，必须注重创造力心理机制，即主体对知识经验或思维材料经过系统概括后产生迁移，以及其对创造性活动的作用和影响。各种信息在迁移新组合中的概括程度越高，知识的系统性越强，个人经验越丰富，迁移性越灵活，学生注意力越集中，创造力水平就越高。

课堂活动对学生创造力的训练主要在于激发创造主体（学生）的求知欲和好奇心，培养敏锐的观察力和丰富的想象力，培养善于进行变革和发现新问题、新关系的能力，重视思维的流畅性、变通性和独特性，从而培养学生发散式、复合式等多种思维模式。培养创造力训练有三个步骤：一是组织讨论与演讲；二是解决一些模拟问题；三是解决反馈问题。此外，还可以通过创造性游戏、表演剧目、思维训练、竞赛、唱歌等活动，培养学生的创造精神、创造能力和创造素质。在课堂活动教学中充分运用发现法、问题法、情景法、尝试法、实验探究法、社会参与法、批判性思维训练法等开放式的教学方法来鼓励学生的求知热情、探险欲望、自信心理、立体思维，通过强化创造动机，超越常规思维，挖掘创造潜力等行之有效的方式组织创造教学的过程。

总之，我们应该在目标导向原理指导下以社会、学科与学生的研究为依据进行课堂活动目标设计。通过研究人与社会活动，识别、转化社会需求为课堂活动目标，再把目标转化为学生的学习活动。在教师的启发引导下，从学生已有经验出发，密切联系学生日常生活，在课堂活动中建立学生的自主学习方式，倡导学生主动参与、乐于探究、勤于思考，培养学生获取知识，提高理解、分析和解决问题能力，形成正确的世界观，最终成为社会有用之才。

三、教学目标的基本功能与作用

教学目标的功能主要指对社会和青少年的发展所产生的作用和影响，主要有三大功能：激励功能、导向功能和标准功能。其中，标准功能是教学目标的基本功能，激励功能和导向功能均是标准功能的衍生物。

（一）教学目标的基本功能

1. 标准功能

所谓标准功能，就是教学目标对教学检查、评估产生的标准作用。

2. 导向功能

任何一项目标制定出来以后，就与控制联系在一起。教师或学校教学管理人员有了清晰明确的教学目标以后，通过不断的信息反馈，能一次又一次地纠正教学活动中的偏差，使一切教的活动和学的活动都紧紧围绕教学目标的实现来进行。一切教学活动以教学目标的达成为"度"，从而避免教师的教学时间、学生的学习投入、教学设备、教学经费等的浪费，以提高教学效能，从而把教学活动导向教学目标的实现。

3. 激励功能

适宜的教学目标确定以后，就可以激发出学生的学习积极性和学习动力，学生产生要达到目标的强烈愿望。

（二）教学目标的作用

教学目标对课堂活动教学的作用主要有三种：目标的标准作用，目标的激励作用，目标的导向作用。教学目标主要体现为对课堂活动教学的导向作用。无论在任何社会、任何课堂中，一旦制定了明确的目标，师生在教学活动中就会把注意力放到与目标有关的问题上，排除无关的干扰，并为达到目标而努力。在中学英语教学中，我们首先依照英语课程标准的要求，通过对英语教学需要及内容的分析，具体制定合理的教学目标，并依此目标安排内容、结构、方法、手段（媒体）。可见，在课堂活动教学设计中，教学目标起着方向的作用。只有从明确、具体、科学的目标出发，通过有效的教学设计和实施，教学目标才能得以有序、高效地进行。

四、教学总目标与类别

（一）教学总目标

《中华人民共和国义务教育法》规定："义务教育必须贯彻国家的教育方针，实施素质教育，提高教育质量，使适龄儿童、少年在品德、智力、体质等方面全面发展，为培养有理想、有道德、有文化、有纪律的社会主义建设者和接班人奠定基础。"此规定旗帜鲜明地要求受教育者在知识、智力、品德、审美、体质诸方面求得发展，形成鲜明的个性和完善的人格，并对社会主义事业做贡献。瑞士心理学家皮亚杰指出，"教育的总目标是培养能够创新的人"，即"培养会创新、会发明、会发现的人"，并为实现教育总目标——培养创新人才提出活动教学法。

外语课堂活动教学就是要依据学习者的发展和社会发展的实际需要，以全面提高外语学习者的基本素质为根本目的，以尊重学生的主体性和主动精神，注重开发学生的智慧潜能，注重形成人的健全个性，提高人的独立性、积极性、创造性和自主性等主体品质为根本特征的教育，使学生成为思想健康、思路宽广、知识渊博、学有专长、勇于创新和善于合作的全面发展的外语人才。

2. 教学目标分类

20 世纪 50 年代以来，美国的一个高等院校考试专家委员会，对教育目标的分类陈述做出了最初的系统研究。美国学者布卢姆（B.S.Bloom）等把教育目标分为认知、情感和动作技能三个领域，每个领域的目标又由低级到高级分成若干层次，如认知领域的目标分为六级，即知识、领会、运用、分析、综合、评价，情感领域的目标分为五级，即接受（注意）、反应、价值化、组织、价值与价值体系的性格化，动作技能领域的目标（多家分类法之一）分为七级，即知觉、定向、有指导的反应、机械动作、复杂的外显反应、适应、创新。

五、实现教学目标方法

外语教育要面向未来、面向社会、面向世界，注重培养学生的思维和创新能力，树立健全的个性和人生价值观，以及促进学生思想素质、文化素质、心理素质、身体素质和劳动素质等全面发展的外语素质教育。为此，在课堂活动教学中要以学生为主体，要通过各种教学活动来培养学生的独立思考能力、交际能力和终身学习与运用信息的能力，使学生成为外语综合素质人才。

（一）活动的内涵

开展课堂活动要以全新的理念、开放的特点、丰富的内涵、活泼的形式、灵活的步骤、多样的活动进行。课堂教学以呈现新语言为起点，经历一个练习阶段，最终达到语言交际运用的目的。课堂活动要强调教学内容少而精，让学生处于主动地位。以听、说、读、写能力培养为例，听、说、读、写按技能可分为接收技能和产出技能。在课堂活动中我们可以训练产出，即说、写能力为主线，同步进行接收即听、读技能的培养。最关键的是注重语言学习活动与语言交际活动相结合，外语课堂活动不能只停留在训练语言形式阶段，要重视交际运用。

在课堂活动教学中我们要加强对"活动"的认识：①语言是活动，人们要学会使用语言就必须通过操作活动才能进行。②语言是受规定制约的有目的的活动，学习过程是一个把思维与行动结合起来的过程。③教学是活动。在活动中教材是脚本，教师是导演，学生是主角，要实现以学生为中心的外语教学。

（二）活动形式

活动按其性质可分为纯语言活动、准交际活动和交际活动。

纯语言活动，也称为教师控制的活动，其特点是在教师控制之下，要求正确，以教材为依据，针对某一项语言形式开展无交际目的的活动。

准交际活动，也称为半控制活动，其特点是围绕教材，但不限于教材，在教师监控下逐步放手学生，以巩固新知识为主要目的，但可以发挥学生的创造性，在正确的基础上求得熟练，此活动具有模拟交际性质。

交际活动，又称为无控制活动，其特点为在教师不干预情况下无语言项目限制，让学生有交际愿望与目的，在活动中重在流利，重在交流信息和思想。

活动教学按纯语言活动、准交际活动和交际活动三个层次依次递进，认知水平由低到高，学生创造由小到大，教师的控制由大到小，语言的输入和输出逐渐平衡。在外语教学活动中既反对把课堂外语教学停留在对语言形式的操练上，忽视交际能力的培养；也不主张过分强调在自然的环境中学，不要教材，不讲语法，忽视语言能力的训练。

以上几方面的论述给我们的启示是，在现代课堂活动教学中，必须明确教学目标的基本功能与作用，真正认识到目标导向对课堂活动教学的重要性与必要性，要科学地确立目标，并在相关理论指导下围绕既定的目标采用一定的量化标准，使教学的总目标与具体的课堂活动教学目标得到科学确立与高效实现。

第三节 教学活动结构总体优化原理

一、教学活动结构总体优化原理

（一）教学活动系统的整体优化

系统方法是一种立足整体、统筹全局，使整体与部分、状态与过程辩证地统一起来的科学方法。为了达到教学活动系统方法最优化，我们在实际工作中就要注意把整体目标的最优化列为自己的奋斗方向，要使整体与部分最佳地统一起来，不要让那些次要的目标来冲击和干扰整体目标。教学活动过程是由教师、学生、教学内容和教学场景等基本要素，集合于一定的社会目的之下，有秩序有规律性地相互依赖，相互作用，自然汇合成的一个客观过程，并由此组成的一个不可分割的有机整体。把教学活动过程视为一个系统，这与马克思主义的发展观与辩证法也是相一致的。教学活动过程首先是一种特殊的劳动过程，教师、学生、教学内容和教学场景（包括活动场所、设备、教具、班集体精神面貌等）等为基本要素。虽同样地具有"引起、调整和控制"三个阶段，但其中却并存着两个主体及其活动：教师要组织教授，学生要学习发展。学生的学习与教师的教授一样，也都是一种带有经过思考的、有计划的，并向着一定的目标前进的特征的活动。

1. 教学活动过程是一个多维系统

教学活动系统有三维结构。

（1）一维，即教学要素系统，包括教师、学生、教学内容、教学环境（教学设备、数量与质量、教学场所质量、班级风格、班级人数、教学时间的计划安排等）。教学活动过程中的基本要素都是保证教学系统优化、有效发展的内部条件。

（2）二维，即教学活动时序系统。教育有其顺序性和时间上的不可逆特点，而与之相适应的教师与学生的活动当然就是一种有组织的受调控的时序列，也就是说，同样地具有"引起、调整和控制"这三种基本的活动形式。在教学过程中，教师以自己的活动为中心，组织着"课前设计—课堂教授—课外辅导—作业批改—总结教学"这具体的工作过程，在不断提高和发展自己的同时，又以"预测指导，激活疏导，帮助教育，评错指正，奖励惩罚"等行为方式去改造或调控着学生的学习时序；同样，学生的学习过程首先也是一个有组织的过程，他要"预习—听授—练习—复习—总结"，但他也在不断地"质疑尝试，质疑接受，质疑巩固，质疑修正和定向规划"中发展着，并以此作为对教的反馈，对教师的教授时序实行着约束性的调整并促进其发展。双方活动都具有的能动性和现实的具体性，也就使得彼此的工作时序和行为呈非机械性而具有灵活的组织性质了。但"灵活"并不意味着教学双方的"引起、调整、控制"诸阶段间是无序可循而呈混乱状态的，恰恰相反，教学过程的最优效率必然是建立在双方时序列的最大可能的协调同步的关联关系上。

（3）三维，即教学活动状态系统。教学活动过程是由平衡适应而分化，有统一协同但断而又续，状态间的关联贯穿过程的始终。教学活动状态系统既有教师、学生、教学内容和教学场景等要素在内，也体现出教学双方活动上的组织形式（时序）特点；既有教学系统发展效率的量上的表征，也有对教学效率的质上的规定。教学活动过程是由以教师为中心的教授活动过程与以学生为中心的学习活动过程两方面有机地联系起来的、有目的有计划地依一定时序特征动态发展的一个多维社会组织系统。

2. 实现教学活动系统整体优化的基本条件

保证教学双方活动要素的最优化，建立起教学过程与学习过程两系统之间相互协调适应的同步联系是教学过程优化发展的必要基础。

第一，要坚持现代的发展教学观，加强创造意识培养，针对不同类型的学校，不同的年龄阶段，不同的学科内容，确立最优的教学目标，培养学生不断进取的毅力和追求，夯实知识基础，培养创新能力，把教学与发展、智能与知识结合统一起来促进教学，这是保证教学活动系统整体化的必要前提。

第二，发挥知识逻辑力量，活动内容及方式与学生的能力水平相适应，以利于学生知识的系统化。学校课程设置、教材取舍和教学活动内容设计要现代化、科学化，既要符合现代社会和科技发展的需要，又要有利于学生建立最优化的知识结构，有利于学生在尽快地完整掌握知识体系的同时发展智力。教师对教学活动内容设计既要保持知识本身的科学性，又要具有学生学习接受的适应性；既不曲解知识的内在逻辑结构，又能利用知识的逻辑力量去激活学生的智能发展。这就要求教师能根据学生的年龄特征和知识水平，筛选出教学重点难点、疑点，精心组织（甚至于重新组合）教学内容与活动形式，使学生在轻松活泼氛围里学之有益，听之有味，养成自学习惯，提高自主学习能力。

第三，课堂活动教学方法要有开拓性，并与学生思维热点相适应。成功有效的方法是连接教学双方活动的桥梁。为培养具有批评性思考、创造性思维和独立解决问题能力的人才，教学活动都应该以比较分析、综合评价和启迪想象为最基本的方法，少讲精练并辅之以现代化的教学手段则可加速学生智能发展的步伐。缺乏以开拓性的教学方法为核心的课堂教学活动过程只能是平淡呆板而流于形式，离开合理完善的教学环节，再好的教学方法也会因零碎无整体感而难达教学目标。精心设计具有开拓性的教学方法与布局合理、完善、紧凑的课堂教学过程环节至关重要。为此，在课堂活动设计中我们应根据学生的思维特征和教学内容的逻辑结构，正确处理好"展"与"收"、"密"与"疏"、"浓"与"淡"及"断"与"续"之间的关系。

第四，保证教学任务的完整性。教书育人是教学的重要理念。一个人如果缺乏较高的想象力、感受力和判断力，不仅不可能更进一步有效地获取和消化知识，而且更谈不上在科学事业上做出贡献了。在教学活动实践中，既要讲授课本知识，又要遵循学生心理发展的规律，重视学生心智训练。

第五，科学安排教授时间。学习者在学习实践中必然存在着学科学习之间、学习与娱乐之间、个人活动与集体活动之间等诸方面在时间上的矛盾，而这些矛盾又往往由于学生心理发展的极大可塑性与不稳定性而难以自觉地处理好。这就要求教师要切实做好教学计划、安排好教学活动时间；预测好每堂课中每部分教学内容与活动的时间分配；依据不同年龄学生的生理活动特点和左右脑的功能差异，调节好课堂活动的节奏，使学习活动过程紧张有序，生动活泼，减轻学生的焦虑感，提高教学效果，促进学生的智力提升与身心健康发展。

第六，不断完善和协调教学双方的知识结构。师生必须不断地去更新知识，并不时地调整自己的知识结构。教学双方诸方面的因素优化与否，必须放到教学双方互动的教学活动中去检验。总的来说，能有效地实现学生"发展"这一目标的教学活动过程就是协调的、优化的。

（二）教学活动系统的功能优化

为实现教学活动系统的社会效能最优化，教学活动系统的特定功能在教学活动系统或过程中保持其自身稳定，并使之能为顺利与外界实行交换活动而提供必要的条件。

1. 教学活动的特定功能

教学活动过程是适应一定的社会要求而产生、发展的特定的社会活动。教学活动过程的系统功能是令教学活动系统与社会政治、经济、文化生活保持密切联系的实质性根据。教学活动的功能把人类的宝贵文化遗产有效地实现代代传递，有效地提高本民族或整个人类的素质，从而推动社会的精神文明建设和物质文明建设，是推动社会发展目标实现的不可或缺的条件或力量。

2. 教学活动系统的主要效能

教学活动系统由教师、学生、教学内容和教学场景等因素组成，其中各因素均有不同的功能：教师传道授业解惑，为学生师表；学生以学习为己任，借以能健全发展；教学内容则为教者之"材"，学者之"本"；教学场景则起到教学双方活动的"场"的作用。一般来说教学活动系统有以下效能。

（1）教育效能

教育系统所在的社会性质决定了教育的效能，教学活动深刻烙上了该社会的既定观念。教师自身的政治思想观点、法纪观念、社会道德观念、价值观等会影响着学生。教学活动过程就是一个学生思想政治教育的主要过程。

（2）发展效能

这是教学活动系统最根本最主要的功能。客观世界中事物总是发展的，学生的发展就是教学活动过程的基本出发点和唯一归宿。

（3）娱乐效能

教学活动过程应能提供给学生丰富的精神享受并有助于他们的心理、生理成长，从而为学生日后丰富自己的精神生活提供正确的认识和技能。忽视娱乐功能的教学活动过程只能是对学生身心发展的一种压抑，有碍于教学目标的达成。坚持教学活动过程的娱乐性可以让学生愉快地获取广博知识，形成一定的社会道德观，并愉快地发展自己。

（4）教师的组织效能

教学是否能获得最大效果有赖于活动能否有效地组织。教师作为教学最直接的组织管理者，既要十分重视教学过程的连贯、完整，还要特别重视学生组织能力的培养、形成和提高。

（5）预后效能

教育是一种未来的事业，教育使一个人经过幼儿园到大学毕业近20年的时间才能为社会工作，这种滞后特征决定了教学目的计划必须具有预后效能。教与学都要对客观世界做出最好对策，要对事物发展全过程有预见性，而且这种预见性又将使教师或学生获得最大可能的成功。

3. 实现教学活动系统社会效能优化

要实现教学活动系统社会效能的最优化，自然是要以教学双方的活动质量及其联系程度为条件的。在此过程中，教师及其教授活动所担负的责任比学生及其进行的学习活动就更为重大和直接。因此，教师在引导整个教学活动展开或发展过程中，就应重视以下几方面。

第一，注重为人师表。在教学过程中，教师要深入认识学习活动规律，并促使学生遵循一定的规律主动地学习和发展，做到教之于理，导之有情，为人师表。

第二，教学双方协调发展，教师做到主动适应，因势利导，提供条件。

第三，发挥"娱乐功能"，使教学双方关系融洽，在艰苦的学习进取中给学生带来乐趣。

第四，教学双方互相协调，重视教学目标的系统性、教学计划的连续性、教学方法方式的控制性。

第五，教学双方共同创造，鼓励超前学习，为学生创造未来打下知识和能力的基础。根据教学的预见功能，教师要积极发现、预见每个学生的"最近发展区"，及时提出导向性目标，使之既能适应现实生活又有深广的发展潜力，培植学生个人的爱好或特长，鼓励个性自由发展，鼓励超前学习，讲究教学效率。这是多出人才、出尖子人才的必要途径。

（三）学习系统的自组织性及其优化

根据系统论，作为完整的系统，教学过程有其内部的组织性、功能相连性以及系统自组织性。有序性是系统自组织性的重要内容。教学的自组织活动在没有外部的指令下，本系统内各要素间能自行按照某些规则形成一定的结构与功能，并以特定的方式协同朝某方面发展的客观过程。只有协调有序的组织性及充分发挥系统自组织性才能使教学过程达到最优化程度。

1. 学习过程的自组织特性

自组织活动是系统论、控制论、信息论及协同学和耗散结构理论等共同揭示出来的客观世界中普遍存在的一种客观现象。学习过程中的自组织活动有以下几个特点。

（1）内在和谐性

开放性的教学系统不断与外界进行物质、能量和信息的交换，形成一种内在和谐性的反映，并产生自组织现象，使系统诸要素间保持着同步联系而更加和谐有序。学习系统的自组织性是其内在和谐有序的体现。

（2）非平衡性

"否定—肯定—再否定"的学习过程是自组织活动非平衡状态的表现。

（3）自主性

在教学过程中，学是一个不断接受教的指导的过程，同时也是一个不断争取摆脱教的引导，以能独立组织探究并发展的过程，还是学生在不断地反馈中自主调整发展的过程。个体自主性的形成培养既是教的目的，也是每一社会个体走向社会不断发展的不可或缺的特征。自组织能力强的学生，不仅善于从外来的反馈中获取调整自己行为的信息，而且还会自觉地在接收信息过程中不断进行自我检测、评价，以形成一条系统内部的信息回路，以便更及时地协调自己的行为。

（4）多解性

非线性作用使得系统的发展有多种方向、多种目标、多种结果的可能。学习系统由学习方向与目标、学习内容与知识基础、学习方法与形式、学习时间与条件（包括教师的整个教授活动及物质上的空间条件）、学习兴趣与其他人格因素等主要要素组成。它们可以相互制约或促进，但并不是呈直接的因果关系。事实上，学习自组织过程中的内在和谐性、非平衡性、自主性和多解性，作为一个整体的不同侧面，共同组成了教学系统中的学习活动，其中，任何一方面特征的存在与变化发展，都是以其他三者的存在发展及与之相互作用为前提的，并推动促进其向最优化方向发展。作为教学过程的主导者、组织调控者的教师，如何适时地掌握每个学习者在学习过程自组织活动中所处的阶段，以采取适度有效的措施，促进其优化发展，是非常重要的。为此，我们有必要去进一步地认识学生自组织能力的表现形式。

2.学生自组织能力的表现及其培养

学习系统的自组织活动是其内部诸要素间及其与外界相矛盾统一的结果，是内部活动和谐性与非平衡性、自主性与多解性的矛盾统一体。学生自组织能力表现为六个方面：①自我激活，这是关系到教学活动系统优化发展的重要先决条件；②自我定向，即学生依据自己的志趣和社会需要去抉择学习方向和阶段进取目标的行为；③自我适应；④自我调整；⑤自我规划；⑥自我控制。它们互为条件、互相制约、相互促进。

在课堂活动设计中培养学生自组织能力，第一要深入了解学生自我需要所属层次，加强其需要的"内驱力"能量，使学习过程始终保持自觉的激发状态。第二要细致分析学生的志趣，帮助其确定正确的学习目标，使学习过程能定向发展。第三要尽快充实学生的知识基础，帮助其组成较合理的知识结构，使学习过程有适合于发展方向的最基本条件。第四要注意掌握学习者的心理定式，帮助其形成较有效地解决问题的方式、方法，使学习过程的方式变得更具灵活性，使学生在思考问题方式的变更中得到乐趣，求得创新。第五要帮助学生科学合理地安排学习时间，调节学生身心活动节奏，使学习过程紧张有序，生动活泼，并有节律地发展。第六要为学生的自我评价提供"二分法"参考，坚定其自信心，使学习过程的定向发展建立在主体心理的自稳定机制上，让学生在得到教师认同的自我评价中，形成一定的自制、自励能力。

3.研究自组织活动对优化课堂活动教学的意义

没有个体的自我激活、自我定向、自我适应、自我调整、自我规划和自我控制，就不可能有个体的独立人格，就不可能有个体的创造性劳动与发展。在课堂活动教学中重视学生自组织能力的形成与培养不仅要关注学生自学习惯的培养，更要在自组织能力或自学习惯的基础上向更高水平目标发展，让学生能自觉地不断提高自己的学问、胆识和有效地创造生活的能力。

学生自组织能力的形成是课堂活动教学和谐高效发展的根本条件。教与学双方活动要结合成完整、有组织性的教学系统，任何一方的失调都将使系统趋向紊乱。学生通过课堂活动提高学习效绩是课堂活动的目标，因此，没有学习者的自组织，就没有教学双方之间的协调同步，设计再高明的教学活动也是枉费心机，教师更谈不上起主导作用，从而调控整个教学活动过程了。要组织有效的课堂活动教学，教师就必须分析所选方案，选择可取方案，针对学生发展潜力与实际状况的差距，积极帮助学生纠正或完善其活动诸要素，如调整知识结构，制订科学的学习计划步骤，改进学习方式、方法，修订学习目标，改造个性的消极面等，以促使学习过程更好地向有序化、最优化发展。因此，自组织能力培养对课堂活动教学理论与实践的发展，无疑是十分有意义的。

第四节　教学活动系统有序原理

一、教学活动系统有序原理

系统论认为，系统广泛地存在于自然、社会和思维各个领域之中，并且越来越被人们所深刻认识。系统的普遍特征是整体性、有机性、关联性、动态性、有序性、集合性、目的性、适应性和改造性。若干相互作用、相互联系的要素（部分）的有机组合，形成具有一定结构和功能的整体。作为一个整体，要发挥较多的功效，就在于它的有序性。有序性指的是各要素间的联系应有一定秩序，即空间排列和时间运行的秩序。系统的有序性，一是表现为系统发展的有序性，这主要表现在系统的层次性上。二是表现为系统物质能量的有序进行。明确了系统的有序性这一特征，我们在开展课堂活动中就要注意维护活动的秩序，精心设计活动各环节，使课堂活动有章有法，从而保证课堂活动系统能够发挥较高的功效，完满地达到教学的目的。

（一）课堂教学活动系统

教学系统的基本要素有四个，即教师、学生、内容与环境。从教学系统内部看，学生和教学内容之间的关系是一种主客体关系，学生是认识教学内容的主体，教学内容是学生认识和掌握的客体。师生之间不仅存在着业务关系，而且存在着伦理关系和情感关系，以及教师教导学生、学生在教师指导下学习的互动关系。这是最基本的教学关系，是教学得以进行的基础。要实现课堂教学活动的正常有序进行，我们就必须明确教师的角色是设计者、组织者、授业者、管理者和研究者，对整个教学活动负责；学生的角色一般是接受者、参与者、学习者和管理对象，同时又是学习的主人和自我教育的主体。

教师活动都是为了学生而进行的。学生是学习的主体，也是教学效果的体现者。学生在主动学习的基础上以积极的态度配合教师教学，有效地内化教学内容。此外，通过学习结果的评价信息反馈，教师调节教学活动设计，并对学生进行有针对性的调节学习。教学内容是联系教师和学生相互作用的一个中介，使教学活动系统优化发挥作用和产生功效。环境实质上是影响人的生命存在及其活动的各种因素的总和。教育环境指的是影响授课进程中的教育教学活动的各种条件，包括各种空间里、各种时间进程中的影响学生学习的各种文化因素。从文化结构逻辑来看，环境存在着实体性环境类型和功能性环境类型，前者分为教室、宿舍、校园、学校图书设备、文体器材、家庭和社区等环境层次，后者则分为生理环境、心理环境、物质环境、交往环境、符号环境和活动环境，如班集体组织状况、师生交往水平、学校管理水平、教师素养、家长素养、社会风尚等，还包括心理环境，如班级心理生活状况、校风、教风、学风、社会心理面貌、传统观念等。

教学活动系统实质上是由相互作用着的教师、学生、内容与环境等空间结构性要素，和目标、活动与评价等时间进程性要素构成的相互依赖、相互作用的有机整体。这些要素之间构成了异常复杂的关系，产生着复杂的相互作用，这些要素本身又是一个个复杂的具有各层次的子系统，并且是多种多样、变化不定的。在教学活动系统中，作为要素的教师和身心处于发展中的学生，均是最具变化性的。这决定了课堂教学活动系统始终处于动态之中。教师、学生、内容与环境等空间性要素和目标、活动与评价等时间性要素，在不同时代、不同学校和不同的教学过程中都是独特的，教师、学生、内容与环境等，以及目标、活动与评价等的性质、地位和作用也是独特的。为此，课堂教学活动系统显示出独特性、组合性、多样性特征。

（二）课堂教学活动系统有序方法

系统论研究形成了一套科学的方法和步骤来解决实际问题，其中常采用系统工程三维结构方法。三维结构方法在课堂活动设计应用中包含以下内容。

1. 解决问题的逻辑过程，即逻辑维

在设计与实施课堂活动过程中要进行以下逻辑过程：①问题阐述，搞清楚所设计的课堂活动需要解决的问题是什么。②认识问题，弄清楚问题的成因、历史、现状及相关材料，以及解决问题的条件等。③课堂活动目标选择，这是评价的依据。④对系统各因素进行全面综合，对系统各因素间的关系及将出现的问题进行分析，选择最佳课堂活动方案并做出决策。⑤实施计划。

2. 工作阶段，即时间维

课堂活动开展有以下七个工作阶段：①制订课堂活动计划阶段；②根据活动目标和活动开展前调查的情况进行具体活动设计阶段；③发挥课堂活动教学系统各要素的创造能力、潜力以实现课堂活动教学系统的功能阶段；④课堂活动教学系统检查阶段，即根据原制订的课堂活动教学目标要求检查课堂活动教学系统的功能状态，并适当调整目标或系统的行为；⑤对活动结果调查与目标函数对照进行评价；⑥根据评价调整、改进课堂活动教学系统的目标或行为；⑦更新对策，并进入新的工作阶段。

（三）学科专业知识，即知识维

运用哲学、社会科学、自然科学、人体与心理科学、教育科学、管理科学及有关的专业知识等进行设计与实施课堂活动计划。

二、以学生为中心的教学理念

对于发展中的社会和人来说，未来社会的主人是现在的青少年，青少年在现在的教育中得到了什么经验，在将来以什么样的行为方式重塑社会，这对于教育教学来说才是根本的问题。在 20 世纪，现代教育理论根据教学系统最根本、最基础的要素，即教师、学生、内容与环境等各自在系统中的地位和作用的认识形成了系统的学生中心说。

学生中心说的形成是以坚实的理论为基础的，具体有以下内容。

（一）自然主义教育理论

卢梭（Jean-Jacques Rousseau）提出了以儿童本位教育价值观念为核心的、否定社会教育的自然主义教育理论。杜威继承了这种自然主义理论，认为教育的目的是使儿童生长发展，他同时吸收了实用主义的经验观念，构建了经验自然主义哲学。他认为儿童是起点，是中心，而且是目的。学习是主动的，个性、性格比教材更重要，自我实现才是目标。

（二）教育价值理论

在教育价值取向上，罗杰斯（Carl Ransom Rogers）深入提出，教育的价值不仅仅在于满足学生认知上的需要，而且要注意和重视学生情感上的需要。他强调教学的各个环节必须考虑学生的情感、态度等人格因素，在相应的课程教学中重视认知发展的同时，必须同样重视情感发展，努力追求学生认知和情感的和谐、统一发展，使其能以主动积极的"乐学"态度促进认知的进一步发展。现代教育要培养的不是对社会、对人类仇视冷漠的"聪明人"，而是有智商、有情商，能为社会做贡献的知性人。

（三）学生中心说的发展观

该理论认为学生的身心在生命进程中表现出量和质两方面的变化，在不同的年龄段认知过程中的感觉、知觉、记忆、思维、想象等，均处于不断地变化之中，由此导致个性心理特征的兴趣、动机、情感、价值观、自我意识、能力、性格等同样也处于不断的变化过程中。

（四）社会改造主义教育理论

作为社会改造主义的教育流派主要代表，克伯屈（William Heard Kilpatrick）主张教育的根本功能是改造现有社会，创造未来新型社会。他有三个基本观点：一是社会是发展的；二是教育不仅传递文化，而且创造文化；三是教育培养的是未来的新人，他们必然要创造一种新社会。

（五）机能主义心理学

这是 19 世纪末 20 世纪初出现在美国的心理学流派。机能主义心理学强调心理对外部环境的适应性、主动性和整体性，认为心理活动的功能有获得、确定、组织和估价有关经验，以及利用已知经验来进行指导等。人的意识是一个连续的整体，其心理具有强大的适应功能，因此要重视意识活动在人类的需要与环境之间所起的重要中介作用。

（六）教学过程的"新三中心"论

相对教师中心说的"教师中心、课本中心和课堂中心"的主张，学生中心说提出了新的三个中心，即在教学要素结构中，学生是中心；在教育内容上，经验是中心；在教学过程组织上，活动是中心。学生在教学过程中处于支配地位，整个教学过程必须围绕学生的追求和兴趣来组织。

总之，系统论认为从宏观到微观，从无机界到有机界，从自然领域到社会和思维领域，自然界普遍表现为层次系统的结构。系统中各子系统、各层次、各因素之间相互联系、相互作用。在发展的过程中表现为事物发展从无序到有序，从无组织到有组织，越来越有序化、组织化，并以多方向非线性分支化的形式呈现，使系统从无序朝有序方向发展，从而产生旧系统向新系统发展的结果。为了保证课堂活动教学系统的正常有序开展，我们要了解教学系统特征，系统构成各要素即教师、学生、内容、环境及其相互关系，坚持以学生为中心，在教学过程中发现问题、确定目标、精心设计符合教学规律的教学计划与活动，通过分析评价、决策优选，及时调整教学策略，为正常有序实现课堂活动教学目标提供有力保障。

第三章 多种类型的初中英语课堂活动设计

第一节 引入活动的设计

一、问题提出

大部分英语课是以"引入"活动开始的。"引入"在英语里叫 lead-in，意思是导入，顾名思义，就是教师"引导"学生"进入"新课的学习。"引入"有时也叫 warm-up，意思是"热身"，一般是通过具有趣味性的话题讨论吸引学生兴趣，为新课的学习做好准备。因此，引入活动的作用在于让学生做好上新课的准备。一个高效的引入活动能在较短时间里让学生进入上课的状态。此外，引入活动还具有以下特点：一是与新授内容有关；二是有比较明确的目的；三是时间把握有分寸。

在调研和日常听课过程中，大部分教师会充分利用引入活动调动学生的学习兴趣，激活学生有关新授课内容的话题知识，但也有一部分课堂引入活动效益不高，费时费力，参与的学生少，过程草草了事，结果可想而知。

二、问题分析

以下是一节写作课的引入活动。

教学目标：By the end of the lesson,The students are expected to

• know about more uses of electricity and be aware of its importance；

• write about the topic the importance of electricity in a more logical and coherent way by using linking words and proper structure；

• learn to evaluate other students' writing according to the checklist.

引入活动：教师提出三个问题，请学生回答：

① Where do we need electricity?

② What do we use electrical appliances to do?

③ If there is no electricity，what will happen?

学生用"头脑风暴"的形式说出电器的名称，然后教师板书，接着让学生进行小组竞赛，在黑板上写出电器的名称分析。该活动有诸多优点：首先，与教学主题相关；其次，三个问题能引发学生思考、反应；最后，板书应有设计，且由师生共同完成。但是，该活动也存在典型的问题。

①参与面较窄。

活动采用了头脑风暴的形式，但从课堂效果来看参与的学生人数不超过全班的三分之一。

②竞赛形式欠妥。

首先，竞赛没有规则，学生举手，教师点名，被点到名的学生上台板书，但"点谁的名"是教师随意决定的。其次，竞赛结果意义不大。虽然是小组竞赛，黑板上也有结果，但该结果没有实质意义。

③重点不突出。

该活动的重点放在了让学生说出、写出电器的名称，却并未对"用电器来干什么"和"如果没有电，会发生什么"进行深入讨论，学生的发言，较为随意，缺乏逻辑。

④目的不明。

课中有超过一半的课在引入阶段使用了视频，视频的内容与课题的确有关系，但视频中的语言远远超出了学生的水平，学生根本听不懂。另有约三分之一的课采用了 free talk 的形式，尽管话题与课题相关，但问题设计体现不出与教学内容的关联。

⑤参与面窄。

课中，7 节课采用了 daily talk 的形式，由一位学生做有准备的发言，大部分学生还精心设计了课件，有些在完成发言后对同学提出问题。然而，这些 daily talk 大都存在参与面窄的问题，发言的学生投入了很多精力，但大部分学生由于只听一遍，有许多听不懂的内容，也没有提问的机会。有些课上教师承担了评价和提问的任务。这些都降低了引入活动的效益。Brainstorming 也是许多教师常常采用的引入活动形式，与上述案例一样，参与者似乎一直是那几位学生。同理，competition 的引入活动形式也存在类似的问题。

⑥耗时过多。

引入活动大部分时间都能控制在五分钟以内，但有的引入活动长达八分钟，甚至时间更长。主要问题是引入活动数量不止一个，或者是"课堂气氛"过于活跃，教师控制不了场面。究其原因，问题还是出在教学设计上。如果做好时间控制的预案，就不会让引入活动变成"无轨电车"了。

⑦备课量大。

引入活动只是一个小活动，"轻、快、灵"是其特点。"轻"指轻松，"快"指时间短，"灵"指灵活，不拘泥于形式。引入活动的备课也应体现"轻、快、灵"。然而，有些教师在引入活动上投入了过多的精力，如在网上寻找视频，或者自己拍摄视频，这其实大大增加了备课的成本，得不偿失。

三、问题解决

引入活动是教学设计的一部分。在设计引入活动时，教师要注意其包含的要素，并依据要素对引入活动进行检核。不同课型引入活动的特点不尽相同，其设计的侧重点也存在差异。

（一）引入活动的要素

1.目的

引入活动一般有两个目的。

一是激活学生的话题知识，或者补充话题知识；二是激发学生的学习兴趣。

2.情景

引入活动也需要"情景"的创设。情景往往是一个话题，但要将学生纳入话题中，就需要教师创设情景，让学生清楚他们在该情景中的角色，他们身处何地何时，需要完成什么任务。

情景的创设有时需要借助资源。一般而言，图片（包括教材中的图片）、与学生学习基础和教学内容契合的短视频、简短的文字等都是可利用的资源。在上面的听力课案例中，也有教师为学生呈现了一张机票的图片，这同样能为引入活动的开展起到促进作用。

3.指令

在设计引入活动时，教师要同步思考"指令"的设计。指令设计得好，能提高引入活动的效率。指令一般包含活动的形式、时间、结果等，同时要设计好问题。

（二）引入活动设计有效性的检核

引入活动的设计是否有效，可以借助工具来检核，检核既可以放在设计时，以便即时修改，又可在课后以反思的形式进行。

（三）不同课型引入活动的设计

听说课、阅读课和写作课的引入活动存在共同点，但也有一定的差异。

1.听说课

听说课的引入活动往往依据新课的话题来创设语境，激活学生的话题知识和生活经历。情景的创设可以借助图片，也可以直接采用 free talk 的形式。

2.阅读课

教师在阅读课引入活动时常常会根据话题采用 free talk 的形式，也有结合读前活动，让学生对文本中的插图、标题进行谈论。

3. 写作课

写作课引入活动一般有两个目的：一是激活学生的话题知识和生活经历，为写作的内容输入做铺垫，这常常以话题讨论的形式进行；二是为写作做必要输入，尤其是语言输入，相当于一个写前活动。

四、教研建议

教研组和备课组可以将引入活动的设计与实施列为小课题，采用案例分析、行动研究的方法开展研究。

此外，教师们还可以对市区教研活动中的优质课和教学评比中获奖的课进行分析，着重分析其引入活动，可以借助本节中提供的检核表结合具体上课的情况，判断其设计与实施的质量，在什么是高质量的引入活动上达成共识。

备课组内的教师可以从行动研究的视角开展研究，即选定一个课型，通过集体备课设计引入活动，教师分头进入课堂进行实践，同组教师可以观课也可以观看课的视频节选，对引入活动的效益和效率做出评价，从而改进引入活动设计。经过一段时间的实践后，在该课型引入活动设计形成若干案例的基础上进一步提炼设计的规格，并应用到其他课型的研究中去。

第二节　输出活动的设计

一、问题提出

英语课堂教学从学生与教学内容的关系来看，一般分为输入环节和输出环节。教师对于每一个课时的教学设计都应有结构化的思考，即体现输入与输出之间的逻辑。一般而言，学生的课堂学习经历输入、内化与输出的过程。"输入"是教师教授学生学习特定语言知识和具体语言技能的过程；"内化"是学生在操练语言知识和语言技能的过程中，形成的对语言既定形式的认识和理解；"输出"是学生运用所学语言知识和语言技能完成学习任务的过程。输出活动呼应教学目标，表现为"说"或"写"。一般而言，如果大部分学生能够完成输出活动，则说明本课的教学目标基本达成。如果有超出三分之一的学生无法完成输出活动，则要回看输入活动是否足够支撑输出活动，或看输出活动是否超出了输入的内容和要求。

二、问题分析

就输出活动而言，不同课型呈现的问题不尽相同。

（一）语法课

六、七年级阅读课、听说课的教学内容有些以语言点为主。其输出活动应以语言点的巩固、运用为目的，学习水平至少在 B 级（理解）水平。然而，有些课输出活动的学习水平较低。

（二）听说课

听说课输出活动最大的问题是活动的水平较低，活动形式低效，对思维的要求不够。

（三）阅读课

阅读课输出活动的问题一般包括：活动与阅读无关，即学生不阅读也可以完成任务；活动对思维的要求低，学生只需从文本中寻找事实性信息即可；活动形式效益不高，小组活动的任务学生也可以独立完成。

（四）写作课

写作课输出活动的问题主要有：第一，与输入活动无关，学生不需要输入也可以完成写作任务，或者输入活动还不足以支持学生完成写作任务。第二，让学生通过合作来完成写作。结果往往是大部分小组成员没有任务，只有个别学生真正写了。第三，所谓写作，只是简单的填空，对思维要求低。

三、问题解决

输出活动的设计要依据特定的要素，遵循特定的路径，借助工具，并结合具体的课型。

（一）输出活动的要素

对上述问题进行分析，可提炼出输出活动的要素。

1.活动目的

活动应有明确的目的，呼应教学目标，体现语言运用。

2.情景创设

活动要创设恰当的情景，而情景创设要注意"时空"和"角色"，即让学生清楚自己置于何种情景，在哪里，是什么时间，自己在情景中的身份是什么，等等。

3. 活动形式

这里指的活动形式包括三种，即独立、结对和小组。如果学生能独立完成，则不需要设计结对或小组活动。如果选择小组活动的形式，则所创设的情景中必须包含多种角色，体现任务的分工与合作。

4. 思维要求

输出活动要注意激活学生的思维。一般而言，在设计输出活动时，应从激活学生的逻辑思维、批判思维和创新思维方面选择其一进行设计。输出活动应尽量避免简单的信息获取，也不能让学生在表达过程中"信口开河"。

（二）输出活动设计的路径

设计输出活动的路径。

（三）输出活动设计工具的利用

设计输出活动工具。

（四）不同课型输出活动的特点

1. 语法课

语法课的输出活动必须注意活动的学习水平，并根据学习水平创设情景，确定活动形式。

2. 听说课

听说课根据"听"和"说"的关系分为两种：一种是"听"和"说"在内容上没有联系，另一种是"听"和"说"有联系。但不管是哪一种，听说课的输出活动总是以"说"为主，第二种听说课的输出活动还要把"听"作为输入的基础。

3. 阅读课

阅读课输出活动的目的是巩固、检测或拓展学生对文本的理解，常以说的形式来组织。

4. 写作课

写作课的输出活动严格意义上来说并非"输出"，因为写作本身是输出，而写作后的活动应该叫"写后"活动。写作课的输出活动实际上就是以写作为任务的活动。

与传统的老师点评式教学不同，学生通过互相阅读，提高了学习的自主性和积极性，通过发现学习法，学生也更容易获得成就感，学生教学生的学习方式使他们的印象更为深刻。活动达到目标要求。

四、教研建议

输出活动设计是课时教学设计的重点。教研组和备课组围绕输出活动可以开展以下研究。

(一)研究活动的目的

输出活动设计是备课组活动的重要内容。教师要在单元视角下设计教学目标,依据教学目标确定输出活动的目的,根据目的设计恰当情景。对于活动目的的研究可以采用文本分析的方法,分析市区教研活动和教学评比获奖课的输出活动,总结高效的输出活动的特征,指导自己的教学设计。也可以采用行动研究的形式,按照设计、上课、研讨、修改、再设计、再上课的流程,以听评课为组织形式,开展实践研究。

(二)研究活动的形式

对于输出活动形式的研究也可以采用上述方法。着重研究小组合作输出活动的基础、设计的规格、实施的路径。此外,对 competition,role-play 等活动形式进行重点研究。

(三)开发和应用工具

既可以应用本节中所提供的输出活动设计工具、单元输出活动观课工具,也可以自己开发。教研组可以对输出活动的要素进行更为细致的研究,如开发工具、分析输出活动的情景、任务的分工与合作、学生互动、指令的设计等。

(四)研究活动与作业的关系

在实际教学过程中,有些输出活动来不及完成,便成为学生的回家作业。而输出活动的任务是否能直接成为作业,输出活动与作业之间有怎样的关系,这两个问题应引起教师的关注和进一步研究。

第三节　合作类课堂活动的设计

一、问题提出

课堂活动的分类有很多。根据学生的学习形式,课堂活动可分为个体活动与合作活动。其中,合作活动包括结对活动、小组活动和全班活动。结对活动和小组活动是初中英语课堂常见的合作类活动。

英语合作类课堂活动指学生在教师创设的情景下，通过合作，运用目标语言完成特定的交际任务。这里的"目标语言"是指新授的语言知识，通常指词汇、词法或句法知识，也包括功能意念和话题知识。

合作类课堂活动包含目标、情景和信息差等要素。"目标"是合作类课堂活动最为重要的要素，一般指向"语用"；"情景"的创设为合作提供背景和载体；"信息差"让"交际"成为可能。

初中英语学科合作类课堂活动体现语言的运用。学生需要在教师创设的尽可能真实的生活情景中完成交际任务，需要运用所学词汇、词法和句法知识，并运用符合情景的功能意念知识。

合作类课堂活动不仅能使课堂气氛变得活跃，而且更为重要的是体现了学生学习方式的转变。学生通过彼此合作实现相互学习，在活动的过程中体验成功、增添自信。

活动目的不明确、任务分工不明确和任务指令不清晰是初中英语合作类课堂活动设计中的主要问题。

二、问题分析

（一）活动目的不明确

活动目的不明确主要表现为只追求合作的形式，但没有明确的目的。

（二）任务分工不明确

任务分工不明确主要体现在两个方面。

1. 活动本身不需要合作

该类活动占据了合作类活动中较大的比例，但学生往往独立就能完成。

2. 缺乏角色分工

有些结对活动表面上是对话，实际上只是完成填空。

（三）任务指令不清晰

任务指令不清晰主要表现在缺乏对活动"指令"的设计，导致学生不清楚何时应开展合作、如何开展合作、如何反馈等。任务要求不清晰可能会导致活动过程过长且效率低下。任务指令不清晰会影响合作活动的效率。学生在开展小组活动时，会碰到以上问题，于是会不断停下来问教师。教师也会不断地打断正在活动的学生，对指令做出"修复"，多次的"修复"既延长了小组活动的时间，又扰乱了小组活动的节奏。结果往往是反馈时间不够，只有一个小组能勉强完成反馈。

三、问题解决

在设计初中英语合作类课堂活动时，要思考三个问题，即为什么要设计合作类课堂活动，在什么情况下设计合作类课堂活动，以及如何设计合作类课堂活动。

（一）目的

语用与交际是合作类课堂活动的目的。目标语言的运用，包括词汇、词法、句法、话题等，是合作类活动最重要的目的，指向一节课的教学目标。功能意念是语用的直接体现，运用功能意念进行交际体现英语课程工具性的特征，而功能意念与交际让合作类活动要关注语言知识，更要关注语用价值。

（二）条件

1. 必须有信息差

"信息差"是合作类课堂活动的基本特点。"信息差"指的是学生所掌握的信息不"对称"，需要通过合作，即进行对话才能完成信息的交换与分享，而这个过程往往体现对目标语言的运用，其结果表现为问题的解决，如完成一个表格，呈现一个汇报，写出一篇文章等。

学生能够独立完成的任务往往没有"信息差"，不必设计成合作类活动。一般而言，阅读、写作等个性化行为特征较为明显的任务更适合学生独立完成。

2. 个人活动是小组活动的前提和基础

教师在布置任务时要明确活动任务、分组方式、活动时间和反馈形式。小组合作活动要遵循一定的程序：首先，小组内要讨论任务分工；其次是各小组成员独立工作即个人活动；最后，再回到小组讨论，经历分享、聆听、说服、质疑、妥协、达成一致的过程，确定活动结果和呈现形式，准备汇报。

（三）流程

合作类课堂活动设计应遵循以下流程。

1. 明确目标

教师可以依据教学目标确定合作类课堂活动的目标。活动目标的核心部分往往是：在特定的情景里，运用特定的词汇、词法、句法、话题等知识实现与之匹配的功能意念。在确定目标的时候还要思考以下问题：该活动学生是否能独立完成？学生为什么需要合作？学生何时需要合作？

2. 创设情景

情景是合作类课堂活动的背景（或外在条件），任务体现活动的价值。情景的创设要有利于任务的完成。"时空"与"角色"是情景创设的重要因素。时空指的是在哪里、什么时候；角色指的是完成任务的人物。学生以某个角色融入情景中，通过合作完成交际任务，达到巩固和运用语言的目的。

3. 分解任务

小组合作活动（包括结对活动）的任务即"分工合作"中的"工"，"工"必须通过合作才能完成，要能进行分解。分解的方法之一是确定完成任务的角色。

4. 明确要求

教师通过"指令"明确活动情景、任务、语用、何时需合作、活动时间、反馈形式等。活动指令要言简意赅，力求说一遍学生就能明白。

5. 实施活动

合作类课堂活动的实施包括监控学生活动过程、组织活动反馈和组织活动评价。在学生开展合作类课堂活动的过程中，教师要走近学生，确保学生理解活动要求；要了解学生个性化的需求并给予帮助；要对各小组（结对）的进展情况做到心中有数，为反馈做准备。在反馈环节，教师要尽可能多地让学生表现、表达，并引导其他小组（或结对）的学生注意倾听、提出问题、给出建议、做出评价。

四、教研建议

教研组和备课组可以采用以下三种方式研究合作类课堂活动的设计与实施。

（一）观摩学习

观摩学习的研究目的是发现合作类课堂活动设计与实施的问题，提炼其中的经验。研究对象是市区教研活动的研讨课和教学评比的优质课。研究过程中可以开发观课工具，对教学中的合作类课堂活动进行记录与评价。

（二）实践研究

教研组和备课组可以在观摩学习的基础上开展实践研究。首先是教学设计。要以备课组为单位，在单元教学设计的基础上设计单元重点输入活动和输出活动，判断哪些活动需要学生通过合作来完成，并完成活动梳理。其次教师根据学情对活动进行适当调整，在课堂教学中落实活动。备课组可以开展听评课活动，运用上面的工具观课、记录、评课，发现设计和实施中的问题，提炼值得借鉴的经验，并形成合作类课堂活动的典型案例。

（三）课题研究

教研组和备课组可以围绕以下专题开展课题研究。

1. 理论研究

研究内容包括合作类课堂活动的基本要求与分类，合作类课堂活动的年级特征，以及合作类课堂活动与学科核心素养培养的关系等。

2. 设计研究

研究内容包括单元输入型合作类活动的设计，单元输出型合作类课堂活动的设计，不同课型合作类课堂活动的设计，情景与任务的设计，分工与合作的设计，任务单的设计，评价工具的设计，信息差的设计和指令的设计等。

3. 实施研究

研究内容包括合作类课堂活动的反馈，学生思维的激活，小组间互动的实施，活动记录与过程性评价，不同学习方式的学生活动表现和学生话语分析、教师角色定位等。

第四节　面向全体学生的活动设计

一、问题提出

"活动"是落实教学目标的载体。课堂教学就是由活动串联而成。"活动"既是教师设计的活动，又是学生参与的活动。活动设计的原则之一是活动要面向全体学生，即每一位学生都能参与到活动中。每一位学生在活动中体验语言、运用语言解决问题、与同伴进行交流。在实际教学中，教师设计的活动往往无法为全体学生提供学习的机会，这就不利于教学目标的达成，也使得部分学生失去英语学习的兴趣。面向全体学生的三种常见活动，即 brainstorming，group work 和 competition。

二、问题分析

（一）活动设计的常见问题

Brainstorming，group work 和 competition 是许多教师热衷设计的活动。然而，在教学过程中，这三种活动或多或少都存在问题，其中最大的问题就是所设计的活动没有面向全体学生。

1.Brainstorming 活动

以下是一个典型的 brainstorming 活动的实录：

T：Today we will talk about France. What comes into your mind when we talk about France?

S1：Paris.

T：Good. What else?

S2：The Eiffel Tower.

T：Good. What else?

S3：Wine.

T：Fine. What else?

S4：Films.

分析：该活动是一节阅读课的引入活动。应该说，这个活动起到了引入的作用，但问题是全班约 30 位学生，只有七八位学生发言，有些还是重复发言，其他学生并未参与。不可否认，没有发言的学生有些可能进行了思考，由于性格等原因没有举手发言，但这样的情形每节课基本如此，长此以往，这些学生就失去了课堂发言的机会，很有可能会游离于课堂活动之外了。此外，教师将学生的发言进行了板书，并未让学生进行记录，也未对学生的发言进行评价。

2.Group work 活动

Group work 活动设计中的问题往往有以下特点。

其一，小组活动依据不足。有些小组活动学生也可以独立完成，或者通过结对就能完成。为了小组活动而小组活动，该现象在实际教学中较为普遍。

其二，分组方式一成不变。学生的座位是固定的，分组也是固定的，每个小组内学生之间彼此非常熟悉，甚至是角色也基本都定好了。

其三，任务分工不均衡。往往是个别学生占据主导地位，决定其他学生的角色和任务，而角色和任务往往与学生的学习基础和性格有关，学习基础好、性格外向的学生被分配的角色更为重要，任务强度也更高。

3.Competition 活动

不可否认，competition 活动能调节课堂气氛，也能培养团队意识。但相当一部分的 competition 活动存在以下问题。

第一，活动没有"规则"。Competition 活动属于"游戏"活动，而游戏应该有规则，学生在完成游戏的过程中必须遵守这些规则以确保游戏的公平。

第二，活动没有结果。Competition 活动鼓励团队参与，必须有明确的结果，而这个结果能鼓励团队合作。有些活动中，教师在黑板上画"正"字，表示小组的成绩，然而尽管有了成绩，教师往往不宣布结果，不了了之。

第三，教师主导活动。大部分 competition 活动要求学生对教师的提问进行抢答，即教师提问后，学生举手，而先举手的学生可以回答问题。实际情况是班级人数多，教师很难确定是谁先举手的（同时举手的现象普遍），只能点名回答，没有被点名的小组就失去了得分的机会。因此，教师凭点名主导了游戏，而这样的游戏即使有结果，也无法激发学生参与的兴趣，更谈不上激励团队合作了。

活动参与面窄是几乎所有 competition 活动最大的问题。即使有分组，也往往是组内最活跃的个别学生愿意举手，其他学生大多处于"观望"状态，因此这类活动很难实现既定的目标。

（二）活动的基本特征和影响活动设计的要素

1. 英语学科课堂活动的基本特征

教师为达成教学目标设计的活动是教学活动，从学生的视角来看就是学习活动，也称为课堂活动。

2. 影响英语课堂活动设计的要素

影响英语教师设计课堂活动的要素有很多，容易被忽略的是学生学习方式、学生差异和评价策略等三个要素，而这三个要素在设计课堂活动时要通盘考虑。

（1）学习方式

活动形式是英语课堂活动的基本特征之一。决定活动形式的重要因素是学生的学习方式。学习方式一般包括独立与合作两种。独立学习是学生最重要的学习方式。学生语言学习的过程大部分依靠独立学习来实现。在课堂上，学生的大部分时间是听教师讲授并进行独立思考与内化，而教师讲授也属于宽泛意义上的课堂活动。合作学习是另一种不可或缺的学习方式，主要表现为学生通过与同伴合作完成特定的语言任务，或者通过相互帮助理解语言现象。

教师在设计活动时既要鼓励学生进行合作，又要充分保障学生独立思考、内化和解决问题的时间，但又不能为了合作而设计合作活动。活动形式的确定取决于活动的目的和活动要求。比如，活动目的中要求学生"运用语言"，而"说"又不可避免，就应该设计结对或小组活动，鼓励学生"说"，从而达到"运用语言"的目的。再如，活动对特定的"功能"提出要求，如"礼貌"，就要设计结对活动让学生在合作中完成活动要求所提出的任务。

（2）学生差异

学生差异是客观存在，也是教师设计课堂活动时必须考虑到的因素。教师要意识到学生性格和习惯的差异。有些学生比较外向，擅长表达，有些学生比较内向。教师要尊重这些内向的学生，意识到内向的学生未必比外向的学生差，他们的独立思考和解决问题的能力不一定弱。对于这些学生，要培养他们的合作意识和能力，教师必须有耐心，要明确他们在合作学习中的任务，要引导他们的同伴给予鼓励与帮助，要给他们充分表达的机会。而对于外向型的学生，则要引导他们加强独立思考和解决问题的能力。总之，课堂活动必须包容不同性格的学生。另外，学生的学习习惯也有差异，不举手发言的学生未必不知道答案，他们往往听得更为仔细，并能对他人的发言进行冷静的评价。教师在设计课堂活动的时候要考虑到这些差异，从而对活动形式、反馈方式和评价策略做出合理的选择。

（3）评价策略

不同形式活动的评价策略是不同的，如上述三种活动 brainstorming，group work 和 competition 的评价策略就各不相同。课堂活动的评价属于过程性评价，记录学生在特定活动中的表现，如发言次数，发言质量，与他人合作的次数，在与他人合作过程中的表现等。此外，教师在设计课堂活动时要设计好活动的指令，让学生明确活动的形式、反馈的方式和评价的要求。

三、问题解决

从活动设计问题导向和活动设计案例两个方面入手来分析如何设计 brainstorming，group work 和 competition 的课堂活动。

（一）Brainstorming *活动*

设计 brainstorming 活动时，需要按顺序回答以下几个问题。

①为什么选择 brainstorming 的形式？

②教师提出的问题是什么？

③该活动预计多长时间可以完成？

④如何反馈？

⑤学生活动的结果如何应用？

⑥该活动的指令如何设计？

问题①指向活动的目的；问题②指向学习内容的话题，往往与学生的经历有关，但要注意缩小切入口，呼应问题①；问题③要回答的是该活动的用时，一般控制在三分钟内；问题④指向活动的结果，一般来说，brainstorming 不是一节课的核心活动，只是起到引入和热身的作用，反馈时要注重效率，面不能太广，但又要让全体学生参与，因此，如何反馈非常重要；问题⑤指向活动的价值，brainstorming 的回答往往信息很多、很杂，如何为课堂所用，如何引入新课的学习，取决于教师的判断，而这一环节往往被忽略；问题⑥要求教师将上述五个问题综合思考，以清晰、简练的语言口头进行呈现，让学生听一遍即可听懂要求，这一点要求很高，但很重要。

需要补充说明的是，brainstorming 活动的实施也要注意流程，合理分配时间。

（二）Group work *活动*

Group work 活动设计问题导向：

①该活动学生能否独立完成？

②该活动的目的是什么？

③学生如何分组？

④如何分配任务？

⑤什么地方需要合作？

⑥需要多长时间准备？

⑦如何进行反馈？

⑧反馈时如何体现小组活动的特点？

⑨反馈时如何引导小组之间的互动？

⑩该活动的指令如何设计？

问题①决定该活动是否应采取小组活动，如学生能独立完成，则不应选择小组活动的形式。该问题的回答还有一个判断的标准，即：是否有信息差？如果没有，即学生无须通过合作就可完成任务，则不应设计成小组活动。实际教学中，比如遇到一篇很长的文本，学生个人无法即时完成复述等任务时，教师会让小组成员分工，每人讲一个段落，组合起来这个小组就完成了复述 / 介绍 / 讲故事的任务。之所以开展小组活动，还有让每一个学生都有机会在小组内练一练的初衷。这一类型的小组活动没有信息差。

问题②指向该活动的价值。小组活动往往是通过合作完成语言任务，常发生在阅读后、写作前、听说时，起到巩固语言、运用语言的作用。该活动多为输出型活动，集语用、任务、思维、互动于一身。

问题③指向学生的分组方式。分组方式可以是约定俗成的，也可以有所变化，即让学生每一次都能与不同的伙伴进行合作。英语国家语言教师的分组方式很多，有按学生的姓氏分组，有按学生的生日分组，还有给每一位学生不同的字母或代码等，但其最终目的是丰富分组方式。需要注意的是，有些分组方式可能需要学生离开自己的座位，如果班级人数过多，则分组会花费较多时间，也会造成场面的暂时失控。教师可以事先与学生沟通，确定几种分组方式，待到分组时，选择其中一种，从而提高分组的效率。

问题④指向小组活动的任务分工。任务分工是小组合作的基础。首先应有一个明确的任务，然后将该任务进行拆分（要有具体数量），拆分时应有角色意识，即每一位小组成员在特定的情景中担任某一个角色，而这些角色在合作与交流中的语言输出量大致相当。当然，每一个小组内还应有一位组长，其职责是临时召集，小组管理，负责协调，决定结果。有时候，组长也可以负责任务分工，或者代表小组承担汇报工作的职责。需要说明的是，这里的"分工"指的是小组内成员独立完成的任务或承担的角色。

问题⑤指向小组活动的核心，并与任务分工相结合。教师要能准确说出什么地方需要合作。比如，要求学生通过小组合作完成一个"开放日"的方案设计。

问题⑥指向活动的时间。要注意引导小组合理分配时间。

问题⑦至问题⑨指向活动的反馈：反馈形式需要教师做出两个选择：一是多少小组进行反馈，二是每组多少成员参与反馈；反馈时要体现小组合作的特点，而不是小组内个人观点的表达；一个小组反馈时，教师要引导其他小组倾听，参与重复、评价、提问，必要时进行辩论，记录他人观点。小组反馈阶段，这些工作尽可能让学生完成，教师不要替代。

问题⑩要求教师将上述九个问题综合思考，以清晰、简练的语言口头进行呈现，让学生听一遍即可听懂要求，这一点要求很高，但很重要。

（三）Competition 活动

Competition 活动设计问题导向：

①该活动的目的是什么？

②该活动的规则是什么？

③是否全体学生参与？如何分组？

④学生如何反馈？

⑤如何统计结果？

⑥结果如何应用？

问题①的回答不仅是巩固语言目标，而且要考虑到课堂气氛的调节，以及团队（小组）的凝聚力。问题②指向活动规则，规则既可以由教师制定，又可以由学生制定，还可以大家一起在平时就制定好。问题③指向活动的参与面，如果不是全体学生都能参与，就没有必要设计 competition 活动，分组可以参考小组活动的分组方式，但不可简单地将一排学生分为一组，或将全班男女生各分为一组。问题④、问题⑤指向 competition 的组织形式，一般来说，要给学生一定的时间准备，而不是采用"抢答"的形式，因为"抢答"往往会造成只有个别学生参与的现象。问题⑥进行应用，比如获胜的小组每位成员平时成绩加 1 分或免去当日的书面作业。

四、教研建议

（一）教学设计

教师在设计课时教学活动时，要依据教学目标，明确活动的数量与形式，不片面追求形式，但要确保全体学生都能参与活动，同时每节课至少设计一个合作类的活动。鼓励学生通过合作完成任务，引导学生既相互学习，又能在活动过程中培养交际能力。在设计活动时，教师不要片面追求活动的形式，而要能解释活动形式如何服务于活动目的。

（二）教研活动

备课组在开展单元备课时，要依据单元教学目标设计重点活动。统计单元内重点输入活动与输出活动的数量与形式，并将学生的参与作为研讨的内容之一。在教学设计的基础上，备课组可以采用听评课的方式，关注活动实施的过程，用"活动与参与"检核工具观察、记录学生的参与情况，根据统计结果反思活动设计。执教教师根据数据对学生的参与情况做整体和个体的分析，在分析的基础上调整今后的活动设计，并对部分学生开展个性化辅导。

（三）课题研究

教师、备课组和教研组都可以将学生在活动中的参与情况作为研究的内容，选取一个角度进行专题研究或课题研究。教师可以以自己班级的学生为研究对象，研究他们在各类活动中的参与表现，一方面寻找适合他们的活动形式，另一方面通过特定的活动形式让更多的学生能参与进来。如果教师执教两个班级，可以开展实验研究，即针对相同的教学内容和活动目标，设计不同形式的活动，比较学生的参与情况与表现。教师也可以设计问卷了解学生的真实想法，或通过与学生交流访谈，了解他们的困难与需求。备课组在教师个体研究的基础上聚焦某一个问题，采用集体备课、观课评课、反思改进的研究方式，借助观课工具开展实证研究，发现并解决问题。教研组的研究以备课组的研究为基础，重点研究活动的年级特征，以及不同课型的活动与形式之间的关联。

第五节　提高活动反馈的效益

一、问题提出

反馈是课堂教学重要的环节。反馈是学生对教学任务、问题、概念等进行内化基础上的回应。回应的形式是口头或书面。反馈的主体是学生个人，接受反馈的是教师和其他学生。反馈是一个相互作用的过程，教师得到反馈后判断学生对新授知识、概念、技能等的掌握情况，对教学效果做出评估，决定或调整后续教学方案。

反馈是教师了解教学目标达成情况的方式之一，也是开展过程性评价实证的来源之一。

反馈环节是培养学生良好学习习惯的载体，也是激活学生思维的契机。

二、问题分析

（一）反馈中的主要问题

在课程与教学调研和日常听课过程中，反馈环节普遍存在问题。主要在于：一是有些活动或任务没有反馈；二是反馈面窄；三是反馈形式单一；四是反馈环节教师过于控制，学生缺乏互动；五是对学生的思维激活度不够。

1. 没有反馈

课堂任务或活动缺乏反馈环节往往有两个原因：一是教师忘记了或者没有设计反馈；二是时间不够，来不及反馈。无论出于何种原因，没有反馈，该任务或活动的效果便无法真正了解，这不利于教师对教学目标达成度的判断。

2. 反馈面窄

这是反馈环节最大的问题。教师在提出问题或布置任务后，随意请一两位学生作答，而举手回答的学生往往能答对，教师就此判断学生都会回答，该问题或任务就算完成了。小组活动也是如此，教师往往请一个小组进行反馈，然后该活动就结束了。反馈面窄会带来一系列问题：首先，它会影响教师对全班课堂表现的评估以及对教学目标达成度的判断；其次，反馈面窄不利于轻松、活泼、愉快的课堂气氛的营造；最后，它会影响不参与反馈的学生的学习积极性。

3. 反馈形式单一

学生举手、教师点名是最常见的反馈形式。但随着年级的递增，愿意举手的学生人数也在不断下降。如果一味采用学生举手、教师点名的方式，有些学生就失去了表达的机会，导致教师对这些学生的课堂表现缺乏评价的依据。在引入环节，brainstorming 是教师常采用的一种活动形式，教师提出问题或话题后，请学生举手发言，但举手的学生人数仅占班级学生总数的三分之一甚至更少，而且这些举手的学生在其他活动或任务需要反馈时都会举手，而不举手的学生往往在课内保持沉默。这样的反馈也不利于教师判断学生的学习情况。有些教师在反馈环节喜欢"推小火车"，即让坐在一排的学生依次起立回答，这同样会产生问题：一是并不是每一位起立的学生都做好了发言的准备；二是坐在其他座位的学生就没有任务了。

4. 教师过于控制，学生缺乏互动

这是反馈环节一个较为严重的问题。教师注重与发言的那位学生进行互动，对其发言的内容进行重复、修复或点评，而没有引导其他学生参与。教师包办了所有互动的任务，其他学生就失去了机会。长此以往，学生会渐渐失去倾听同伴发言的耐心，因为他们知道老师会重复的，而且重复的时候音量更大、发音更清晰，还会"过滤"学生发言中的语言问题。学生的依赖心理会越来越严重，其学习的主动性和相互合作学习的意识渐渐消失，这也不利于营造和谐的课堂气氛。导致学生之间互动不够的原因：一是教师为了赶进度导致反馈面窄，反馈后没有引发更多的学生参与发言；二是不少教师有重复学生发言的习惯，并承担了评价学生发言的任务，造成的影响是学生很难养成倾听他人发言的习惯也不会对他人的观点进行批判性的思考；三是教师话语过多，浪费了不少时间。

5. 思维激活度不够

反馈环节应激活学生思维，鼓励学生充分进行个性化表达。在学生进行反馈后，要将其反馈的内容作为教学资源，启发学生积极思考，学习他人，反思自己，并调整自己的思路。教师要善于倾听学生的发言，即时发现其中的问题，并引发学生关注。

（二）问题的主要表现

以下是三个区课程与教学调研过程中对课堂教学的（部分）评价。

1. A 区

（1）反馈面窄

几乎所有的课均存在反馈面窄的问题。教师提问后留给学生思考的时间通常很少，然后就直接点名发言，而且往往只有一两位学生发言；学生结对或小组活动后，有多节课只有一对或一组学生进行了反馈。

（2）学生之间互动少

除两节课外，其他的课均存在学生互动不够的现象，表现在两个方面：一是小组或结对活动反馈阶段，教师没有引导其他学生倾听、记录；二是在反馈环节，教师往往只注重与单个学生的互动，没有引发其他学生参与。

2. B 区

该区的主要问题表现在学生之间互动少，这主要体现在活动反馈环节，以教师点名学生回答为主。学生回答问题后，教师重复学生的回答，或进行简单的评价，其他学生没有参与。在小组活动后的反馈环节中，参与发言的小组数量少。

3. C 区

整体而言，该区的课堂教学容量大、时间紧、互动少。

主要原因在于：

• 教学容量过大，一节课无法完成教学任务；

• 教师话语过多，浪费了时间；

• 个别活动耗时过多。

其中，八节课存在反馈面窄的问题，主要表现在：

• 反馈时学生举手发言,但举手的学生数量有限,教师往往只请了一位学生发言,而该学生发言后并未引发其他学生重复、补充、评价等;

• 教师没有给学生充足的时间准备,举手的学生数量少;

• 教师话语过多,主导了学生发言后的评价,没有引发学生之间的思维互动。

三、问题解决

反馈需纳入教学设计,反馈的教学设计应遵循四个原则。

(一)反馈的基本原则

1. 反馈贯穿课堂

从引入活动开始,凡是布置学生思考、回答的问题,都需要进行反馈。一个活动或任务应该从反馈的结果判断是否完成,如反馈环节仍然暴露出问题,则不能"继续下去",教师就需要对原先的教学设计进行及时调整。"尊重反馈"体现教师在教学中的"学生视角"。反馈贯穿课堂体现了"过程性评价"的原则,反馈的结果也是教师实施评价的实证依据。

2. 反馈面要宽

要发挥反馈的效益,就要尽可能扩大反馈面。当然,由于时间的限制,不可能让所有的学生都参与反馈。教师可以采用以下方法。

(1)让学生反馈前相互交流。这主要针对学生独立完成的任务。在反馈前,让学生在给定的时间内(如30秒),与同伴进行交流。这样的话,即使是没有参与反馈的学生也有了表达的机会。

(2)提高"抽样"的代表性。首先,在反馈时,教师可以请学生举手,保护好举手学生的积极性,但同时也要注意到没有举手的学生,他们或许也很想参与,但只是不喜欢举手而已。其次,要设计好请多少学生反馈,这些学生代表哪些群体,是学习能力非常强的,还是学习能力比较弱的。就反馈而言,要注意选择那些处于班级中等偏下水平的学生多参与反馈,其结果更具有代表性,能反映出全班学生的学习效果。

3. 让学生参与反馈环节的互动

各种学习活动要能促进学生的互动合作,尤其是小组活动。

互动的方式有多种。首先,要求学生倾听他人发言;其次,学生发言后,请其他学生进行重复、提问、补充或点评。需注意反馈形式要明确,且在反馈阶段教师要尽量避免重复学生发言,要把评价的话语权还给学生。

4. 反馈要激活学生思维

反馈环节是激活学生思维的契机,但这些契机"稍纵即逝",教师要善于把握。教师可以针对学生的发言引导其他学生思考,比如是否同意,如果同意的话,能否给出不同的理由，如果不同意，说说为什么；再如，可以请其他学生对发言内容进行质疑，对几位学生的发言进行归纳、对比、归类等；还可以请其他学生对发言内容进行补充。以上的种种操作指向培养学生的逻辑思维、批判思维和创新思维，其前提是学生必须倾听同伴的发言，同时积极思考。

（二）反馈环节的教学设计

1. 设计好活动或任务

要提高反馈的效益，首先要设计好活动或任务，并思考是否要进行反馈，何时进行反馈，如何进行反馈。

2. 设计清晰的反馈要求

教师在设计教学活动时，要将反馈的要求纳入范畴。在布置活动或任务时，要通过给出指令让学生明确反馈的要求，包括活动形式、准备多少时间、谁来反馈、反馈的内容是什么、反馈的时间规定、学生发言时其他学生的任务，等等。

3. 把握好教师角色变换

教师在反馈环节有多重角色。布置反馈任务时，教师是"组织者"。学生发言后，教师鼓励其他学生参与互动，自己也可以参与互动，实际上也是"参与者"。当学生的讨论陷入"僵局"时，教师是"法官"，给出调解的建议。当学生遇到问题或困难时，教师是"提供帮助者"。反馈环节的最后，教师回到"教师"的角色。总之，在反馈环节，教师不承担所有任务，而是巧妙地利用角色的变换让学生成为主角。

4. 积累反馈档案

反馈环节是教师观察学生表现的时机，教师要即时记录相关信息，如哪些学生参与了反馈，哪些学生参与了互动，学生反馈时的表现如何，哪些学生有了明显的进步，有没有平时不太爱举手的学生今天举手了，学生在反馈中有没有出现普遍性的语言问题，等等。这些信息对教师开展过程性评价和个性化辅导将会起到重要的作用。

四、教研建议

（一）教师

在备课过程中，要备"反馈"，设计好活动和反馈形式，建议撰写活动指令。在课堂教学过程中要学会转换角色，并养成记录档案的习惯。教师要降低自己的课堂话语比例，引导学生倾听、复述、记录、质疑、提问、反思，鼓励学生在自主学习的基础上与他人进行合作。

（二）备课组

在开展单元备课的过程中，备课组对重要的学习活动，尤其是输出活动的反馈要予以重点关注，运用或设计工具，采用听评课的形式开展实证研究，对教师在反馈环节的行为、指令和话语做出分析与判断，给出建议，形成规格。

（三）教研组

英语教研组要从学科核心素养的视角，围绕如何培养学生的学习能力开展实践研究，通过教学实践改变"控制"多的局面，增加教学设计的开放性，提高课件的使用效益，提高活动的思维要求，引导学生探究并自主解决问题。同时要围绕如何提高反馈面以及如何在反馈阶段引导学生互动开展实践研究。

教研组活动要在教师个体和备课组活动的基础上开展专题研究，可以组织基于备课组和个人实践的专题研讨，也可以组织教研组的听评课活动。如有可能，教研组也可以组织教师对市区公开教学或教学评比获奖课进行分析，着重研究反馈环节师生的表现，旨在提炼经验分析问题，改进教学设计与实施。

第四章 多维理念下初中英语课堂活动设计

第一节 基于学生语言输出的初中英语课堂活动

一、语言输出概述

（一）语言输出概念界定

在二语习得领域提出的输出假设中，输出指的是"可理解性输出"。简单地说，"可理解性输出"指的是使用完整、恰当、连贯的语言完整地表达自己的意愿，而不仅仅是使自己传递的信息被理解。因为即使是在输出语法有偏误，表达不恰当的情况下，依然可以使信息被传递。因此，可理解性输出是可以使输出者自己注意到语言形式的输出。输出的能力即表达的能力，包括口头输出和书面输出。口头输出指的是"说"，而书面输出指的是"写"和"译"。根据初中英语学习和教学的特点，在初中英语课堂活动中，学生的输出多以口头输出为主，且语言输出多与真实生活息息相关。因此语用知识在输出中也显得尤为重要，即知道在什么样的场合之下说什么样的话。因此在本书中，我们所定义的语言输出为符合语法语用，完整连贯地实现意义传递的输出。口头输出和书面输出都包含在其中，但本书的研究重点主要侧重于口头输出。

（二）语言输出的三大功能

输出有三个功能：第一个功能是注意功能，在输出的过程当中，学生会注意到自己语言与目标语之间的差距，从而更容易看出自己的不足。第二个功能是检测假设功能，指的是输出本身就是语言学习者对目的语假设的一种检测，通过多说和多写，以及反馈，学习者会相应调整自己的话语。其实，换句话来理解，语言输出的过程实际上也是一种试错的过程。第三个功能指的是元语言功能，在语言学中，元语言指的是用来描述语言的语言，因此元语言功能指的是学习者用语言来分析和描述语言，是对语言的思考和理解。

（三）语言输出理论对初中英语教学的指导

按照传统英语教学法的观点，很多人把英语学习比作盖房子，词汇就像砖块，语法就像钢筋水泥，只要掌握好了这两点，房子也就盖上去了，语言也学习到了。然而，事实真的如此吗？正如我们从小讲中文一样，英语国家的孩子讲英文，不接受显性的词汇和语法讲解，却自然而然地习得了。参照母语者的语言习得过程，对于二语习得也提出了很多不同的教学方法，如直接法，内容导向法，交际法，任务型教学法等。通过对这些教学方法的理论的学习，我们可以发现，到目前为止，众多教学方法的目标就是让学生学会使用目标语进行交流。我们越来越能意识到，语言学习的目的不仅仅是内化语言规则，更是要能正确流利地使用语言，也就是进行语言输出，来实现交际的目的，这是语言的工具性的核心体现。

20世纪60年代，调查得出语言学习始于理解，终于输出的假说。提出输入假说，认为足够的，可理解的输入是实现二语习得的必要条件、充分条件和有效条件。输出对于外语学习是十分关键的，学生需要被促使着去输出,同时对输出的语言进行思考,使其更准确,更容易被理解。其实，作为英语学习者，我们也会有类似的经验，看懂或者读懂英语材料不是一件难事，但是当我们自己表述时，却可以发现这一切都不是很容易，准确度和流利度都是我们需要付出大量的努力才能实现。我们在会话中，会将真实的生活经验带到理解当中，同时还可以基于会话者之间存在的大量共享知识。例如当"I"，"eat"和"apples"这些单词出现在一起而不管它们有没有按照语法规则排列时，我们自然理解到的就是"我吃苹果"而并非"苹果吃我"。初中生亦是如此，在课堂上，对于老师的英语表述或是课本上的英语文本，他们能基本达到理解的层面，但是让他们自己流利地说出一个完整的句子或者写出一小段基本正确的文本，对于他们来说都不是很简单的事情。因为语言输出或产出需要人们不得不按照某种顺序将词语排列起来，以精确、连贯、得体的方式来传递信息。因此输出"会迫使学习者由语义加工转到语法加工"。测量某人的语言多好，没有什么比测量其使用这种语言的办法更好。输出通常被视为练习和检测已有知识的方法，而不被视为创造知识的一种方法，因此早期"演示—操练"的模式在外语教学中非常常见。

人们开始重新审视输出的作用。交际法、任务型教学法等新兴教学法也受到英语教师们的欢迎。在会话活动当中，在问题解决、任务实现的过程中，学生需要强化自己的输出表达，一步步推动着自己的输出更准确，更恰当，更流利。对未来的课堂有很多美好的想象，但同时也存在无限的担忧。我们看到了问题，也知道了一些原因，但更害怕自己依然重复着遗留的错误做法。如何在课堂上尽可能避免这些问题，尽可能提供更利于学生学习和发展的教学。这是最关键的一步，也是最难的一步。因此在前文的基础上，基于我们发现的原因，提出改进策略，以期为教师们在真实的课堂情景中能有一些切实的方法建议来促进学生在课堂活动中真实有效地输出。

二、基于学生语言输出的初中英语课堂活动机制

（一）明确目标——指向语言输出

教学目标不会缺席任何一种教学模式，也不会缺席每一个具象的课堂。有时候它只存在于教师美好设想的教案里，但它也存在于课堂的每一环中，指引着课堂一步步向前发展。目标是活动的出发点，它支配、调节整个活动过程的展开，任何活动都是为着实现一定的目标而进行的。作为教学活动出发点和归宿点的教学目标，其主要作用是定向作用，激励作用和评价标准作用。当我们在设计课堂活动的目标时，一定要以目标为引领，以课堂教学目标为引领。这堂课要实现什么样的目标，课堂活动的目标就要服务于这个课堂教学目标。根据教学论，确立教学目标的依据来自三个方面，即学生、社会和学科。

1. 认识学生：学生想输出什么？

教学的最终目的是促进学生的发展，因此，教学是为了学习者的教学，教学目标的确立必须关注学生，包括他们的兴趣需要、认知水平和能力、情感状态、社会化过程等方面。学生是课堂活动的主体，主要参与者，因此确立课堂活动目标必须充分考虑学生的状况。

课堂活动目标的确立必须充分考虑学生的需要。只有是学生需要的东西，才会从内激发出学生的学习动力。首先我们要考虑学生目前的实际状态，其次是学生希望达到的理想状态或者是老师期望学生达到的理想状态。"实际是什么"与"想要成为什么"之间必然有一定的联系。我们可以采取"分解法"，即先把学生的生活现状分解成若干个主要的方面，然后再依次调查每个主要方面，并且记录下来。根据泰勒的观点，学生的现状可以分为以下几个方面："①健康；②直接的社会关系；③社会公民关系；④消费者方面的生活；⑤职业生活；⑥娱乐活动。"对于城市学生而言，逛动物园是一项比较习以为常的娱乐活动，容易激发学生的表达需求。如果换一个语言环境，我们去到了英语国家的动物园参观，除了读懂基本的英语指示，了解动物园内动物的英文名称，我们可能会需要了解一些动物的基本知识，对于他们来说就是一种切实的需要。那么我们在确立本堂课内的活动目标是帮助学生学会动物园常见动物的名称，并能输出一些关于动物的基本问题和信息，这样的目标是从学生的需要出发的，有利于促进学生在活动中的输出。确定好了目标之后，我们便可以思考什么样的活动能够较好地实现这一目标，这就是我们在设计课堂活动时要重点考虑的问题了。如果确立了目标是识记单词，那么运用简单的图片进行指认识记，并且放在不同的语境里进行熟悉巩固，基本上已经能实现预先设定的课堂活动目标。在这种情况下，倘若我们仅仅是设计学生根据图片来说出动物的词汇和拼写，就失去了促进输出的基本出发点了。而如果设计大量的讨论活动等来介绍动物的细致外貌描写以及生活习性等，那么就是将学生的需要拓宽了，所实现的就是超出目标的结果。

另外，我们还需要考虑学生的兴趣。如果学生对该话题完全不感兴趣，那么他们就完全没有意愿参与其中，更不会在活动中积极发现自己的不足，意识到自己语言输出与目标语之间的差距。虽然我们的教学目标不能完全以学生的兴趣为导向，但是教师在确立活动目标时应该将其作为一种重要的考量因素。以七年级某单元外貌话题为例，初中的孩子通常都会有自己崇拜的偶像，谈及偶像便滔滔不绝。那么我们是否可以根据学生们的这个兴趣，确立一个确切的活动目标就是学生能够较为准确流利地详细描述其偶像的外貌特征。这样的活动目标非常切合初中学生们的兴趣爱好，激发学生们在活动中的输出欲望。

2. 了解社会：社会需要学生输出什么？

人的发展与社会的发展是一体的，是相互促进的。实现个体的社会化，将来对社会的发展做出贡献，也是社会对学校教育的期望。社会本身就是一个复杂的庞大系统，涉及人类生活的各个方面，而我们的课堂也可以成为一个微观的社会，把人类生活的方方面面凝练到一个个课堂活动中，让学生能够充分参与其中，也就是杜威所倡导的"教育即生活"，我们把生活中活动的舞台布景搬到课堂内。学生是社会中的个体，社会的需要很大程度上来说就是学生的需要，是能够激发出他们输出欲望，并为此付出努力的需要。

社会生活分为七个方面：健康，家庭，娱乐，职业，宗教，消费，公民。我们可以参考这种方法，将社会生活划分成能够具体感知，具体表达的不同方面。例如，可以把我们的生活分为政治生活，经济生活，文化生活，以及哲学与生活。此外，社会生活中还有一个非常关键的部分，也就是自我。社会是由个体组成的社会，脱离了个体，社会只能被称为环境。因此我们在考虑社会需要时，同时还应该考虑到自我需要。在"颜值即正义"的时代，对于心智尚未完全成熟的初中生来说，如果未能给予正确的引导，容易造成的后果便是崇拜高颜值，而欺凌低颜值。社会上特别是网络上大肆鼓吹精致外貌的风气容易对青少年带来不正确的引导。作为教师的我们则需要引导孩子们树立正确的外貌观、价值观，同时引导学生们树立正确的自我观，能够正确认识自己，悦纳自己。当我们有着这样的情感态度与价值观的目标的时候，我们设计活动时就会注意在活动中避免有情感色彩倾向的表达。

3. 研究学科：学科应该让学生输出什么？

当然，在确定课堂活动目标时，我们还不能离开对学科的研究。作为英语教师，育人的目标是在英语这门学科当中完成的。英语世界里大量而丰富的文化不是杂乱无章的，而是以英语学科的方式组织起来的。我们制定的活动目标应当是有利于促进英语知识的传递，有利于学生英语运用能力的培养。英语学科不同于数学、物理等纯理论性学科，英语具有很强的实用性。英语是一种交流的手段，也是一种思维工具。因此，能够在不同的语境里准确地传达意义成为一项非常重要的任务。也是基于这样对学科的研究，我们在确定活动目标时，就应当把促进学生的有效输出放在突出的位置。正如上述例子中，我们可以将活动目标确定为学生能够学会用两个句型描述人的高矮胖瘦以及发型。促进课堂活动中的有效输出，我们就需要确立一个指向学生输出的目标，而非总是传统的掌握英语语言知识的目标。同时我们还要尽可能地细化这个目标，我们期待中学生应该输出的是什么，具体到每个词汇，每个句型，每一种情景。这样当我们在以这个目标来设计课堂活动时，就容易始终保持目标引领前进的方向。

（二）优化设计——计划语言输出

课堂活动的设计就是教学设计的重要一部分。我们熟知的教学设计三角形（教学目标，教学实施，教学评估）从系统论的角度强调了设计教学是一种目标导向的系列活动，不管在哪个年级，哪个课程层次，哪个教学情景中展开设计，我们都要回答三个问题：①我们要到哪里去？这是一个"确立目标"的过程，这是我们在上一节内容中具体讨论过的一个问题。②我们怎样到那里去。③我们是否到了那里？这是一个"评估目标"的过程。因此，我们知道教学设计就是一个以目标为本的活动，重点要解决的是学习的结果与过程，学习的内部与外部条件的关系问题。由此我们可以具体到课堂活动的设计上来。从这个意义上来说，我们可以把课堂活动等同于学生的学习活动。学习是学习者身心内部的结构变化以及外部行为的表现，活动就是促进这种变化的外部条件。

当课堂活动目标得以确定之后，我们需要提供设想并且做出安排的就是达到目标的途径、内容、策略、媒体、组织形式等。

1. 精选活动内容，计划有意义输出

教学内容来源于教科书，但不仅仅是教科书。学生的个人知识、直接经验、间接经验、生活情景都可以成为课程资源。对英语学科而言，任何以英文形式呈现出的材料都可能成为学生的学习材料，就可能成为教师的教学材料，成为课堂活动的内容。但我们也不能脱离教科书，随意创造我们认为的教学内容。我们需要的是整合教科书和其他来源材料，针对活动目标，组织出最佳教学内容成为课堂活动内容。根据输出的功能，输出可以帮助学生意识到自己的语言和目标语之间的差距，因此我们知道，我们所设计的活动承载的内容应当是在学生认知范围之内的，这样学生才能够有相应语言的输出。运用一些关于食物的词汇和基本餐厅会话，课型是一堂听说课，那么我们首先应当考虑到学生在什么样的情景中最需要输出大量关于食物的词汇。倘若我们设计的活动使学生简单表达自己最喜欢的食物，最讨厌的食物，在家常吃的食物，认为健康的食物，认为应该要少吃的食物等，这些是在学生的能力范围之内，让学生有话可以说的。或者我们可以设计一个情景某某同学生日，爸爸妈妈让他邀请班上同学到家里吃饭，这个同学可以问大家想要吃什么，讨厌吃什么，那么句型"what would you like？"就会在具体问答之间被运用起来，同时与之意思相近的"what do you want to eat?"等相似句型都可能被输出。然后把大家的想法写下来，这个同学做一个总结。接着再设计一个情景，大家拿着笔记去菜市场买菜，老师可以拿出事先准备的一些道具扮演摊贩老板，在这个过程中大量的食物单词可以被自然输出，同时学生此前学过的询问价钱的"How much…"等的句型都可能在这个活动中输出。这样的活动就是学生能够有话说，也就是能够保证有输出的活动。同时在活动过程中，教师没有为学生设置固定的句型，要求他们必须使用"What would you like?"和"I'd like some tomatoes"，以及书中所列出的那些食物词汇。

基于课本，但不拘泥于课本，而是拓展到真实生活的方方面面；符合学生的认知水平，选择既能提高学生的兴趣，又能满足学生表达欲的内容，这是教师在课堂活动中要促进学生的输出应该遵循的原则。

2. 选择活动类型，计划创新输出

传统英语的英语教学模式为"PPP"模式，即呈现，操练，产出。课堂活动也很清晰地被割裂成这三个部分，其中操练和产出是学生在呈现的基础上进行的输出性活动，是练习活动的两个阶段。

教师的呈现活动："呈现"功能是向学生介绍新的语言知识。这是学生输入的一个过程，是输出的基础。指向输出的输入不能仅仅是照本宣科，将一个个单词，语法规则割裂地讲述给学生，这样学生对语言的认知也会变成一个个无法拼接的碎片，那么在之后的练习活动中，学生将难以将其所接收到的语言知识转化成为功能，转化成具体语境里的具体话语。教师应当创设不同的语境，将语言融入具体语境中，同时，还可以采取不同的形式，例如实物，动作，图片，视频等多种形式。

学生的练习活动：这里的联系活动包括了"操练"和"产出"两个阶段。练习型的活动可以分为控制型活动，半控制型活动，以及活动型活动。控制型活动属于一种机械操练，如教师让学生读例句，两个人一组读对话等。这些都是在教师或者是在教材的控制下的活动。半控制型活动是同时兼顾形式与意义的活动，在这个过程中老师扮演"引导者""帮助者"的角色。语言的输出从形式逐步向内容过渡，学生开始有了自我创作的空间，体现出一定的创造性。近年来，在英语教学法领域内，最有影响力的两种教学模式应当是交际法和任务型教学法。这两种教学法都强调语言的交际功能，语言的语用功能，强调学生要在语言使用的过程中习得语言。这也是基于学生课堂内所学语言和现实生活中所运用的语言形成巨大的差距的现状所提出来的。但交际法和任务型教学法都不是对以前教学法的颠覆，而是在语言内容、学习过程、产出等方面对之前的教学法进行了拓展补充，对老师的素质也提出了更高的要求。教师需要的是超越解释语法结构的能力。在交际的课堂内，大量的时间都应该花在管理学生的学习，搭建活动，组织学习资源和引导学生进行大量的双人与小组活动。交际教学法最核心的观点就是学生通过参与大量的有交际意义的活动来学习语言。究竟什么样的活动才符合交际法的原则呢？这里列举六条有交际性的课堂活动的标准：①具有交际性目的：这项活动应当要使学生去实现一个真正交际意义的目标，而不是为了语言本身而练习。为了实现这样的一个目的，我们设计的活动应当是要存在"信息差"让学生在交际中去填补。②具有交际性欲望：这项活动应当激发学生的交际欲望，而不是被教师逼迫着去说。③注重语言内容，而不仅仅是形式：我们应该把较多的精力放在学生表达了什么，而不仅仅是他是怎么表达的。④语言多样性：我们应当允许或是鼓励学生在交际任务中用到尽可能丰富的语言形式，而不仅仅是一个具体的语言项目，我们需要让学生感觉到表达的自由。⑤没有教师的干涉：教师应当设计不要教师干预的活动，在活动的过程中教师也不需要给予评价，只需要在最后给出他们是否实现交际目的的评价。⑥没有语言材料的限制：学生在活动中可以自己抉择他们自己想要使用哪些语言材料。当我们的课堂活动指向输出时，我们希望达到的目标也是学生在活动中实现真实交际。因此交际活动的基本原则与我们指向输出的课堂活动的基本原则是一致的。但也存在不同之处，交际法过度强调使用语言的内容，而忽视语言的形式，也弱化老师的反馈，但指向输出的课堂活动里，需要重视语言的准确输出，同时也需要老师给出的质性反馈。

任务型教学法是发展过后的交际法。它完善了交际法的一些不足，不仅仅关注语言交际功能的实现，也强调语言形式的正确使用，因此与输出假设所倡导的可理解性输出有着不谋而合的出发点。关于"任务"的定义，不同的学者给出了不同的观点，任务就是人们在日常生活中的劳动，玩耍，或者是处于这两者之间的很多件事情。任务就是那些需要学习者使用目标语言做交际功能用，最终实现一个成果的活动。我们可以总结出任务的一些基本特征：基于真实生活；学生使用目标语沟通；最终有成果呈现。任务的四个构成部分是目标，情景，过程，成果。因此指向输出的初中英语课堂活动中，我们所倡导的活动就是这种情景中的，有交际意义，同时体现语言的有效使用的活动。在这个意义上，我们的活动要等同于这样的"任务"。它与另外一种活动"练习"截然不同。后者通常希望将学生的注意力引向对于语言的某一项特定的方面，如词汇，语法，割裂的听说读写技能等。我们如何来设计任务教学法里的任务呢？通常的步骤可以分为五步。

第一，考虑学生的需求、兴趣和能力：只有切实符合学生表达的需要，他们感兴趣的话题，并且与能力相符的任务才能激发学生的语言输出欲望。

第二，对可能的任务进行头脑风暴：设想出对于一个话题，学生可能有需要或者是感兴趣的。我们要确保这些任务具有交际性目的，并且是由明确的目标导向的。例如，为即将使用的学校新图书馆设计一份指南；制作一张反映社区十年变化的海报等。这样的任务与日常生活密切相关，就是我们在中文环境里也需要完成的事情。这个任务的完成也指向了信息的传递，必然就对应着学生的语言输入与输出，最终的任务结果以产品的形式呈现，就是学生的输出成果。

第三，评估这些任务：在列出这些可能的任务之后，我们可以对其可行性做一个评估，选择一个最合适的任务。评估的标准可以是：是否具有教学性价值；学生是否乐于接受；是否能够获得任务所需要的相关资源；任务所需时间是否符合课时安排等。

第四，选择语言项目：这一步又可以进一步细化为两个环节，第一个环节是考虑完成这个任务对语言能力要求的难度等级，以便能够及时调整或者修改我们已经确定了的任务；第二个环节，我们需要尽可能地罗列出完成这项任务可能需要的所有的语言知识和能力。因为在必要的时候，我们还可能需要给学生展开任务之前的准备活动，为他们之后的任务过程相对性地提供语言上的准备。如果这项任务所需要的语言知识和语言能力远超于学生的能力，那么这样的任务也是没有输出意义的，因为学生根本就不知道怎么输出。

第五，准备材料：任务的完成需要的是学生的综合语言运用能力，因此学生的输出内容肯定是跨课时，跨单元，跨课本，甚至是跨学科的，因此要尽可能完整地准备相关材料。

3. 确定活动组织形式，计划合作输出

不同的课堂活动需要不同的组织形式。在初中英语课堂中，课堂的组织活动通常有四种：个人活动；两人活动；小组活动；全体活动。这些基本是以参与活动的人数来划分的。课堂活动的组织形式没有绝对的好与坏之分，只有合适与不合适之分。

个人活动：一个同学独自完成一项学习任务。不少教师对个人活动抱有成见，认为个人活动没有使用语言进行沟通，无法实现交际性，从而达不到输出的成果。但事实却不是这样的。即使是在"PPP"的教学模式里，教师设计的练习题有创造性，学生一个人完成练习，同样是在进行语言的输出。特别是在需要学生的深度思考的学习活动当中，个人活动有着明显的优势。例如，在写作课上，学生需要独立自主的思考空间能对自己的表达进行深度的思考，这样的课堂就以个人活动为主比较好，这时候，如果安排太多的讨论，反而会干扰学生的思绪。

两人活动：也叫结对子活动，是老师安排下的两个学生共同合作完成的任务。在初中英语课堂里，结对子活动是非常常见的课堂活动组织形式，它便于学生进行交际输出，易于操作，形式多样，例如可以两两进行对话操练，自由对话，访问，角色扮演等，因此有着其他活动组织形式无可比拟的优越性。

小组活动：以三人或三人以上的若干个小组展开活动。我国典型的大班教学和课堂时间空间的限制使得学生的交际机会变得很少，小组活动能有效弥补这一缺失，在有限的时间里增加学生的输出。小组活动被认为是一种行之有效的课堂教学模式，还在于小组活动有助于发挥学生的主体意识和参与意识，使学生在互动与合作中发展二语交际能力。小组活动是伴随着交际法和任务型教学法在我国受到认可而广泛应用的。任务型教学中的任务应当是基于真实生活中的任务，通常一个任务的完成就会涉及多种认知和多种能力，难度通常会大于一般的课堂活动，因此通常会以小组的形式开展。学习者在互帮互助，相互促进中，既实现语言的习得，也发展了解决问题的能力。

输出假设理论发展到后期也特别强调小组同伴之间的对话活动。注意语言形式为例，证明合作学习能实施输出假设的三大功能。同龄人间的对话活动能帮助学习者更好地实现语言习得。这种教学研究主要是针对年龄比较小的学习者。对于初中英语教学来说，初中生年龄较小，所学内容相对比较简单，更为接近真实生活，对于学生来说也更有可能将所学转变为和同龄人间交流的工具，进行真实生活中的对话。例如，学生所学到的词汇更有可能转化成为积极词汇，不仅了解音形义，更能做到在生活中毫无障碍地输出，也就是能在恰当的语境中正确地使用。

全体活动：全体活动指的是老师引导全班同学完成一项学习任务，比如老师的讲授，老师的提问和群答，全班同学一起讨论等。全体活动能够在较为集中的时间内实现系统知识的讲授，但是却容易减少学生在课堂上输出的量与质。

指向输出的英语课堂活动的价值取向在于以学生为中心，把课堂还给学生，让学生充分利用课堂。课堂组织活动形式没有好坏之分，不能一味否定个人活动和全体活动，提倡两人活动和小组活动。在两人活动和小组活动的过程中，我们也要能及时发现不足，及时监控和调整，使之能为目标服务，能始终向目标前进。

4. 采取分层活动，计划差异输出

分层教学一直是课堂教学领域一个重要的话题。分层教学就是教师根据学生现有的知识、能力水平和潜力倾向把学生科学地分成几组各自水平相近的群体并区别对待，这些群体在教师恰当的分层策略和相互作用中得到最好的发展和提高。分层次教学强调的是根据学生目前现有水平分层次，使每个层次的学生都能得到相对应的提高。

在英语学习过程中，输出对于学生的能力要求较高，因此学生间的差距则会较为明显。如果活动难度过大，对于基础较弱的学生来说，大大超出能力范围的活动是没有价值的；但如果活动的难度不够，对于基础较强的学生来说，不能得到符合他们现有水平的相应的提高。教师需要尽可能为每个学生语言输出能力的提高创造相应的机会，尽可能地使分层活动可以为学生提供这样的机会。

活动中涉及的输出是符合真实生活交际意义的，学生在这个过程中能够获取到有效信息。但是整个输出活动对于学生现有水平要求较低，大部分的学生都能较好完成。但是对于基础较好的学生来说，这样的活动太简单，不能满足他们的学习需求。因此对于部分较高层次的学生，我们不妨将活动加大一些难度。我们可以让学生深化基于这个话题的对话。对话联系不再仅仅局限于一个固定的句型，获得的都是浅显表面的知识。如果学生能深化对话，不仅是对输出能力有针对性地提高，同时也能获得对事物更为完整的认识。

在学生间的学习诉求有着不可中和的差异的时候，教师采取分层活动，为不同的学生设计不同的活动，可以为学生提供更多学习成长的机会。特别是在涉及学生语言输出这样要求较高的活动时，教师需要更多的耐心和智慧，为尽可能提高学生语言输出能力创造更多的机会。

5.打破活动时限，计划深度输出

活动时长不能主要来自经验或者是教学参考，我们应当考虑目标和我们希望能够检测得到的信息，同时还要考虑学生的具体操作。课时是教与学的活动单位容量，常常由若干个"教学行为"组成，和课堂活动可以正好成为其中可大可小的容器。课堂活动作为学生的学习的活动，应当是由学生学习的过程决定的。我们设计的课堂活动是课堂的一个组成部分，也可以是打破课堂时长界限，跨课时形成完整的活动链条。在新课标倡导单元整体教学的今天，我们不妨打破传统的课堂教学设计模式，探索单元整体设计，整体教学的新路子。

（三）有效实施——实现语言输出

当课堂设计没问题时，我们需要考虑的就是在实施开展这个活动时，如何调动起学生的积极性，弱化学生差异带来的问题，保证活动的开展能达到活动的预期，让学生在活动中实现尽可能多的有意义输出。

1.激发内部动因，实现自主输出

学习动机是直接推动学生学习的动机。从心理成分来讲，主要有三个方面：学习的目的性；学生的学习兴趣；学生的成就欲望。根据诱因的不同，学习动机可以进一步分为内部动机和外部动机，内部动机是学生把学习活动本身作为学习的目标而引发的推动学生学习的动力。内部动机对学习的推动促进作用是稳定而持久的，求知欲和学习兴趣会越来越强烈，成为一股强大的内部推动力量。教师应当善于激发学生内部的学习动机，让学生能够因为英语本身而学习英语，因为享受学习英语的过程而学习英语，而不仅仅是为取得好成绩而学习英语。英语活动中，我们可以用学生感兴趣、有需要的话题作为活动材料，例如，学生们喜欢的运动，崇拜的偶像，喜欢的作家等，都可以成为学生输出的来源，充分为学生展示英语的魅力，让学生充分感受英语的语言美。我们还可以让学生知道能够用英语表达自己，向世界呈现中国是一件值得他们努力的事情。总之，教师一旦能够激发学生愿意表达的心，那么在课堂活动中学生不愿意或者是不敢输出的问题应该可以得以较大程度地解决。无可争议，调动学生自主性是加快输入到输出过程的关键。

2.创设外部条件：实现全员输出

课堂以外，学生进行英语的输出是一件很难的事情，因为周围的人都不说英语，因此缺少一个语言环境。课堂同样如此，课堂上，一旦形成了轻松闲适可以用中文进行交谈的氛围，学生就不会愿意，也不会有意识去讲英语，并且会逐渐认为在课堂上用中文表达是一件正常的事情。作为教师就要引导学生，积极创建良好的输出氛围。外部的文化氛围属于"隐性课程"的一种，对学生的学习有着潜移默化、深远持久的影响。"隐性课程"指存在于学校中的各种情景，也是对学生的一种教育影响因素。因此，我们可以努力营造促进学生输出的文化氛围，例如课堂内老师应当用全英语进行教学，只在不得不讲中文时才借助中文；学生回答问题时也只能用全英文作答。课堂之外，我们也可以充分发挥"隐性课程"的作用，可以多多在班级内进行英语口语沙龙，口语比赛，创意英语故事比赛，写作比赛，创意海报比赛，英语广告设计比赛等。我们还可以与语文学科进行学科合作，鼓励学生用英语写日记，发通知等。在这种积极的讲英语、写英语、用英语的文化氛围中，学生易于养成良好的用英语进行输出的习惯。

3. 实行合理干预，实现有序输出

输出是英语学习的链条终端。英语学习是一个整体的过程，从感知输入，到理解输入，再到吸收，再到融合，最后一环便是输出。在大班制教学情景下，课堂上学生输出属于不可控的范围，特别是课堂内多以口头语言输出为主。教师无法预计学生的每一次输出的内容，表达状态等，学生的多样性使得输出活动的增加必然会增加课堂的不可控性，对于课堂的秩序也会带来挑战。倘若教师在这个过程中放任学生完全自由地参与活动，课堂失序的状态下，会给活动的效果、学生的学习效果都带来极为负面的影响。

4. 营造和谐氛围，实现民主输出

教师与学生之间，学生与学生之间，由于能力的差距，容易造成不平等不民主的课堂氛围，因此在课堂内营造和谐民主的氛围，学生在课堂内感到有安全感对于促进学生输出有着重大的作用。通过和谐民主的课堂关系激起学生的外部动机和内在诱因，学生在互帮互助的友好氛围下实现自在自如的输出。

在学校，"合作学习"成为教学特色。每个班都被划分成了若干个学习小组。英语课堂上，表现突出的小组可以获得整组加分，反之，则有可能被扣分。这一制度也成为课堂上学生积极互动，积极进行英语输出的一个重要原因。特别是在小组合作的形式下，学生尊重小组，并且渴望为小组赢得荣誉，同时小组内的成员会互相监督，互相鞭策，为学生参与活动，积极输出不断提供外部动力。同时，老师在课堂上也可以采取不同的措施，为学生扫清输出心理障碍。例如，在课堂上很多学生在教师的开始活动指示后依然不知所措，半天不知道如何行动。这种情况下可能存在一个原因，是学生确实不知道怎么开口，甚至有时候连问题都没有听清，连活动的注意事项都没有弄懂。这时候，老师不妨邀请一位基础较好的同学，通过自己和这位同学的合作来给全班同学呈现出一个范例，这样基础较弱的同学可以比较清晰地明白自己要完成得是什么样的任务，给了他们做出尝试的契机。

良好的课堂氛围为学生带来良好的心理状态，学生改善对输出活动的态度，对于促进学生输出是较为有效的措施。

（四）改进评价——反思语言输出

教学评价是对于教学的价值判断，课堂活动评价则是对于课堂活动的价值判断。课堂活动是以学生为主体的活动，本质上是学生的学习活动。因此指向输出课堂活动中的评价应当以促进学生的学习，促进学生的输出为出发点。笼统单一的评价在课堂中要尽量避免，教师的评价应当是质性的，针对学生的具体表现，以及与预期的教学目标的达成程度。目标旨在促进学生的输出的课堂活动中，教师也应当将评价重点放在学生输出表现的效果上。关于交际能力的讨论，交际能力的构成包括五个部分：语言知识，语用知识，会话能力，策略技巧，流利度。在学生的输出活动结束后，教师可以从这五个方面对学生的输出进行具体的评价。

1.关于语言知识的评价

语言知识指的是关于语言本身的知识，如发音，词汇，拼写，语法，句子结构，语义等方面的知识。很多教师对于交际法有一个偏见，认为交际法的目的只在于交际双方意义的传递，而不注重语言本身的正确性。但语言知识是交际能力中不可或缺的一部分。输出假设中的输出也指的是在不断地尝试调整中，形成准确的符合语法和句法的表达输出。作为教师，要及时发现学生输出中的语言错误，并且能够给出及时的反馈。互动反馈是学习者重要的信息来源，通常为学习者提供其话语是否成功（或许更多的是不成功）的信息和更多的关注语言产出和理解的机会。根据输出假设，提供反馈有多种方式，从显性（直接说有问题）到隐性（互动过程中的反馈），主要表现为"协商"和"重述"两种形式。

（1）协商

协商是负面证据的一种形式。大量正确的输入能够让学生知道什么是正确的形式，但不足以排除那些错误的形式。研究证明，大量接触正面证据一年后，学习者知道哪些句子符合语法，但是不能根除不符合语法的句子。通过协商获得的反馈具有更正功能。

（2）重述

除了协商之外，重述也是反馈的一种形式。重述是指对不正确的话语进行重构并保留话语原义。不同于在学生的输出活动之后直接说出学生的错误，我们可以通过重复学生的意思的方式将学生的错误结构替换成正确的句法形式。

2.关于语用知识的评价

语用知识指的是在特定的社交语境中恰当地使用语言。通俗点来说就是在什么样的场合对什么人说什么话。在当代社会中，我们不仅要能够使用语言来表达，还要能够识别不同的场合，使用不一样的语言恰当地表达。例如，学生给校长就改善学校图书馆写一封建议信和给自己的好朋友写一封建议信是完全不一样的。两者关系的远近就可以带来正式语体和非正式语体的使用。学生如果在给校长的建议信中满篇都是"You should…"，"We want..."等此类表达时，表示学生还未掌握情态动词 should 的语用知识，导致在不恰当的场合错误使用。因此学生的输出能力也必须包含这一方面。当我们在评价学生的输出表现时，学生是否掌握了语用知识也应当被纳入评价反馈范围。

3. 关于语言自动化的评价

会话能力指的是一个人创建和理解连贯的书面文本和口头文本的能力。也就是说，不管是书面还是口头，能够通过使用或者理解一些连接标志词来实现有逻辑、连贯地表达或者是理解一个话题。我们不难发现，在表达中，学生非常容易出现卡壳的时候，这时候他们通常会反复重复自己的上一句话来给自己争取组织下一句话语言的时间。反复的重复会显得输出非常不专业，也给听者造成理解难度。因此，学生输出的流利度也应该成为一个重要的评价标准，教师在学生输出后，应该给予及时的评价。不管是学生的口头输出，还是书面输出，教师都可以针对其流利度给出评价并给出相应的建议。

第二节　基于交往行为理论的初中英语课堂活动

一、交往行为理论

（一）行为的四种类型

在"交往行为理论"中，人的行为分四种类型。

1. 目的性行为

它是指行为主体通过选择一定的有效手段，并以适当方式运用这些手段实现一定目的，或者促使一种所希望的状况出现的行为。它包括工具性行为和策略性行为。目的性行为的中心概念就是行为抉择。这意味着，目的性行为遵循以经验知识为基础的技术规则，它把手段关联于目的，把技术关联于目标，而不管这些目的、目标本身是否合理、是否公正。这种行为缺乏主体间向度，对语言采取的是一种工具主义态度。

2. 规范调节行为

它是指社会成员以遵循共同价值规范为取向的行为。其中心概念是遵循规范，即实现一种一般化的行为期望。这种行为对语言采取的是一种文化主义态度。

3. 戏剧性行为

它是指行为主体在公众面前有意识表现自己，以便在公众中形成自己观点和印象的行为。其中心概念是自我表现。这种行为对语言采取的是一种形式主义态度。

4. 交往行为

它是指至少两个或两个以上的具有语言能力和行为能力的主体之间通过语言或其他媒介达到的相互理解与协调一致的行为。在于交往主体的共同性，强调理解的客观性、理解的条件和行为责任，并把它当作交往行为合理性理论和话语伦理学的核心概念之一。在这里，语言具有特别重要的地位，因为语言是一种为理解服务的交往媒介，而行为者通过相互理解，使自己的行动得到合作，以实现一定的目的。这样一来，交往行为就不仅仅是以语言或其他符号为媒介、以理解为目的的对话行为，同时还是使参与者能毫无保留地在交往后意见一致的基础上，使个人行为计划合作化的一切内在活动。简言之，交往行为实质上就是行为主体之间以语言或其他符号为媒介，通过没有任何强制性的诚实对话而达成共识、和谐的行为。

在前述四种行为类型中，真正的交往行为更具有内在的理性，是四种类型中最具有合理性的社会行为。

（二）交往行为是以理解为核心的行为

理解这个词是含混不清的，它最狭窄的意义是表达两个主体以同样的方式理解一个语言学表达；而最宽泛的意义则是表达在与彼此认可的规范性背景相关的话语的正确性上，两个主体之间存在着某种协调；此外还表示两个交往过程的参与者能对世界上的某种东西达成理解，并且彼此能使自己的意向为对方所理解。理解是一种展开于主体之间的交互性的意识活动，要真正实现"理解"就必须借助于语言媒介。在目的性行为中，语言是许多媒介中的一种，行为者通过语言试图影响他人，实现行为者对于客观世界的意图。在规范调节行为中，语言首先是一种可以提供文化价值、取得意见一致的媒介，它主要是帮助人们建立规范和行为导向，建立社会世界的合法关系。在戏剧性行为中，语言是自我表现的媒介，表现行为者的认识和情感，再现行为者的主观世界。在上述三种行为中，都只注重了语言的一种功能，而没有同时注意到语言的所有功能。只有在注重相互关系的交往行为中，语言才同时承担陈述并判断事实的功能，使行为者与客观世界发生联系，承担帮助人们达成共识的理解媒体的功能，使行为者与社会世界发生联系，并承担表达者表现的功能，使行为者展示自身的主观世界。哈贝马斯认为，通过参与者在相互作用中达到他们相互提出的有效性声明的交互主体性的确认，这样理解才能使协调行动的动机发挥作用。他认为，现代理论注重意义的追问，人们在语言的交往活动中会达成共识。在交往过程中所形成的普遍共识是一种理想化的过程，即交往理性。为了有效沟通，哈贝马斯认为在交往过程中需要遵循三项语言学规范要求：真实性、正确性和真诚性。哈贝马斯认为，目的性行为涉及真实性要求，规范调节行为涉及正确性要求，戏剧性行为涉及真诚性要求，而交往行为与这三个要求有关联。交往行为同时可以满足真实性、正确性和真诚性的三个有效性要求，所以交往行为才是最合理的社会行为。

（三）实现交往行为合理化的路径探索

1. 共同的规范标准

规范标准的普遍化原则应该能够为大家普遍接受和遵循。为了论证实现交往行为合理化必须由共同的、普遍的规范标准来指导，他提出了商谈伦理学。商谈伦理学试图向现代社会提出一个相互理解并为各个交往共同体成员所同意的规范道德体系。

2. 选择恰当的语言

凡是有交往的地方就会有言语行为的出现，凡是言语行为受到阻碍和被歪曲的地方就不会有合理的交往。人们之间的交谈交往，无非涉及实情、人情和心情三个方面，而这三个方面都得通过相应的语言加以表现，通过语言使交往者、交谈者达到相互理解。语言是交往行为的杠杆和促使交往合理化的关键。为了顺利达到协调行为的目的，在进行对话的时候，对话双方必须选择一种能够让对方了解自己的正确的语言来表达自己。

3. 进行对话活动

交往必须对话，对话就是交往。在对话活动中，交往双方的利益才能被考虑到，交往双方提出的各种要求才可以成为讨论的对象，在民主、平等、和谐的协商氛围中，人们才能在没有任何外在强迫的氛围中充分论证自己的观点。对话是人们达成统一共识的最为有效的办法和最为便利的途径。课堂活动的主体（师生）之间的互动不是目的行为、规范调节行为或戏剧性行为，而应该是一种交往行为。师生之间、生生之间应以遵循真实性、正确性和真诚性规范的语言作为媒介，进行民主、平等、和谐的交流。教学本身就是人类的一种活动，在现实生活中，教学是以活动的形态存在。教学离开了活动问题就不可能解决任何一项教育、教学、发展的任务。要实现这一理想化的目标，教学者就要精心设计英语课堂活动，让学生在一个个课堂活动中学会表达自己、学会如何与他人进行合理地交往。

二、促进"交往"的活动设计

英语课堂教学活动设计是为了满足具体的教学活动需要，满足学生对英语知识、技能、情感态度与价值观获得的特定需要。如果提供了适当的学习条件，大多数学生在学习能力、学习速度、进一步学习的动机方面会变得十分相似。适当的学习条件下，即通过合理的活动设计，几乎所有的学生都能学会教师所教的知识。用创新思维去精心设计一些有趣、易懂且注重能力培养的课堂活动，让学生更多地主动参与课堂，在体验中主动发现语言现象、总结语言规律、发展语言交际能力，就是我们今天要讨论的课堂"交往行为"活动。

（一）英语课堂候课和导入环节的活动设计

课前两分钟（教师候课时间）是课堂教学的一个重要铺垫，这种简单的活动尽管只占很少时间，但对渲染课堂气氛、调动和激发学生学习英语的积极性和创造性、及时复习和巩固课堂学习内容起着不可低估的作用。它可以促使不愿开口说英语的学生开口，让愿意开口的学生得到锻炼和表现的机会。我们可以选择一些吐词清晰，节奏感强，简单易唱且契合上课主题的歌曲来作为热身和导入活动。

（二）音标教学中的课堂活动设计

对于学生英语音标的学习，小学阶段教材中没有固定的课时，对此部分学习也没有硬性的要求，学生音标掌握的水平参差不齐。到了初中阶段，需要记忆的词汇量陡增，就体现出音标掌握得好的重要性了。因此，在初一初始阶段的课堂中，加入音标教学还是有必要的。义务教育课程改革十多年来，英语教学取得了丰硕成果，教师的教学方式和学生的学习方式发生了重大变化。但由于受《全日制义务教育英语课程标准（修订稿）》（2003年版）和小学英语教学的影响，初中英语教学出现了诸多与课改不和谐的局面，语音教学得不到足够的重视，出现了诸多问题。音标教学一直是我们教师觉得很重要又比较难学的部分，对于英语为外语的中国学生来说，反复地读背是有必要的，但适当的时候也可以开展一些活动使学生对原本枯燥的音标教学产生兴趣。

活动的目的主要就是利用具有几个元音或辅音组的句子来训练我们的发音器官，所给的句子是经过特殊设计的，可能句意上是不合逻辑的，实际上就是上文课堂活动资源中的绕口令。这样的练习效果是循序渐进的，不能急于在很短的时间内将所有的句子都很熟练地说出来，长期坚持效果更佳。

（三）语法教学中的课堂活动设计

英语语法是语言知识的重要组成部分，是发展语言技能的基础。语法教学是语言教学的重要内容之一。传统的语法教学方式，大多是让学生死记硬背语法规则，并做大量的机械练习。这种教学方式是有违学生身心发展规律的，已无法适应现代课堂的要求，也不符合交往合理性。新课标所倡导的语法教学要求教师改变语法教学的方式，将语言的形式与其意义、交际功能有机地结合起来，通过在实际的语言运用中去内化语言规则，从而达到学生能准确运用语言进行有效交际的目的。功能交际法运用语法教学的方式应转变为，积极参与课堂，通过观察、体验、实践、合作等方式学习语法。要实现学生角色的转变，培养学生的英语思维能力，教学活动的精心设计是高效课堂的重要保障。

Dictation 听写是英语教学中的一个重要组成部分，它是多种语言能力、知识背景和思维能力协同作用的结果，整个过程包括语音感知、词汇识别、语法分析、语境推导、记忆和书写等主要环节。教学实践证明，加强听写训练是培养学生学习英语基本功的有效手段。

（四）词汇、听说教学中的课堂活动设计

"running dictation"移动听写一这个典型的小组合作活动可以运用于平时的默写或听说课型，对应的就是每个单元的 Integrated skills（综合技能）课。

假设将总学生人数为 30 人的班级分成 5 个小组，6 个人为一个小组。教师将听写材料放置在 5 个不同的角落，每组中派一个成员作为"runner"去这些不同的角落获取信息来让小组其他成员完成这个听写，也就是一个成员说，其他成员写。这个过程中，老师只要给出明确的 instruction（指示）就可以了，剩下的全部交给学生自己。这个"dictation"是学生自主学习的活动，适合班级较少的课堂进行。我们在平时的教学中让学生互默单词、互查背诵实际上也运用到了与此相似的活动。

在这两个活动中，教师的主体性体现在课前的活动设计中，在课堂上只是活动的组织者或"游戏规则的宣布者"，课堂活动的主体位置让给了学生。初中阶段的学生是具有表现自我的强烈渴望的。一群同龄人能够在课堂上无拘无束地对话和交往，了解、欣赏、鼓励彼此，合作完成游戏任务，是真正的课堂所需求的。这也是交往行为理论所倡导的交往理想。

（五）阅读教学中的课堂活动设计

随着交际教学法的流行，"Information gap activity 信息差活动"越来越广泛地应用于英语教学中。"信息差"是英语交际教学法中最基本的原理之一，在交际教学中越来越引起英语教师的关注。信息差能促进真实的交际，激发和保持学习外语的兴趣和动力，从而有利于语言习得。总而言之，真实的言语交际是建立在信息差的基础上的。没有信息差，就没有真实交际。

初中生英语基础比较薄弱，水平参差不齐，许多学生喜欢上英语电影课，但其出发点不是为了学习英语，而是因为这类课型没有压力，可以彻底放松，实际上是一种"逃避"学习的心理。这就要求教师在授课前先明确本堂课的基本要求，并制定一些切实可行的学习目标，让学生有目的地去看电影。在观看影片前，应介绍一下这部影片的英文译名、主要演员和电影创作的背景等。要让学生明白，看电影不能只追求视觉上的享受，而应通过电影拓宽自己的知识面。关于观看过程中的学习目标制定，可以让学生在观看完影片后说出里面重要人物的英文名，或影响较深刻的场景，模仿简短英文台词等。

三、初中英语课堂活动设计资源使用策略

积极开发和合理利用课程资源是英语课程实施的重要组成部分。积极开发和合理利用英语课程资源有利于更新教师知识结构，拓宽学生学习渠道，改进教与学的方式，满足个性化发展。我们作为英语教学者，要正确客观地认识初中英语课程资源的开发和利用，多样化地开发和利用英语课程资源，整合利用丰富的课程资源，提高英语教师课程开发的能力。

世界上永远不变的东西就是"变"。教师专业化成长的有效途径之一就是经常进行教学反思，既有"教有常法"之"规定动作"，又有"教无定法"之"自选动作"，再联系学生实际和结合教学内容，实现"贵在得法"。如果只是停留在模仿复制阶段，不仅不利于持续激发学生的学习热情，而且对教师本身的才智和创造力也是一种损伤。许多活动设计都具有可拓展的空间，只要博采众长，用心反思，精心设计，就不难做到触类旁通，机变百出，让英语课堂焕发生命活力。课堂活动设计应根据不同的对象在游戏的难度、长度、对抗性、刺激程度、评判标准、教具的应用等方面做出周密的考虑与调整。积极开发课程资源、教学内容，有效利用教学媒体，引导学生积极主动地参与教学过程。要设计出具有多样性的课堂活动首先要收集足够的组织课堂活动的资源，在有了一定程度的教学资源的积累之后，才可以更好地进行课堂教学活动的设计。下面就介绍一些在自身教学实际中和对他人教学的学习观摩中积累的一些觉得可行的资源。初中阶段的英语在语言点和语法点的学习上难度大大加强，课堂活动的容量要求也随之加大。教师在组织英语课堂活动时，应充分利用丰富、精彩的课外资源，让学生在有限的时间内学到更多的知识。课堂活动材料对课堂活动的开展起着至关重要的作用，它直接影响到学生学习的效度。课堂活动要能激发学生的学习兴趣，使英语更具实用性，并使英语逐渐融入学生的学习生活中去。在选择设计课堂活动的材料时应满足以人为本、贴合时代，以交际为目的、达到真实为原则，同时要考虑到学生的兴趣、语言水平、知识面等因素，还要有先进的语言学、心理学、教育学理论作为其指导思想，以达到促进学生的知识水平和人格同步增长的目的。

（一）动画在英语课堂活动中的运用

英语动画片在各种教学资源中能够提供相对多方位的三维语言环境，有利于学生英语语感的形成和初步英语交际能力的培养。初一初始阶段，教学重点在巩固小学所学的英语知识，并将学生的学习兴趣充分调动起来。学生自小学三年级开始学习英语，但小学阶段的学习重点主要在读音和听力上。因此，尽管学生能够说出相关词汇的音，但是不能够完全正确地将它们写下来，更不用谈灵活地运用它们进行实际交流了。教师可以在每个话题

中，加入相关动画和视频。动画视频里有英文对话和歌曲，旨在调动学生学习的热情和兴趣。动画可以作为候课（课前两分钟准备时间）时的热身活动或正式上课环节的导入部分。学生亦可以在课后自己学着哼唱，边玩边学。

（二）网络中的英语在英语课堂活动中的运用

在与学生相处的过程中不难发现，现在的学生比较喜欢上网，喜欢通过网络，如微博、QQ、说说来记录自己的生活、表达自己的情感。其中就有很多人用英语来写自己的状态，转播一些具有激励性的话语来鼓励彼此。英语课上也可利用这些资源来拉近师生间的距离，并让学生了解不同风格的英语，体验英语语言魅力。

选择一些短小精悍、音韵和谐、通俗易懂、寓意深刻的双语材料运用到课堂活动中去，可以提高学生的学习兴趣和语言素养。

（三）广告在英语课堂活动中的运用

随着全球经济一体化进程的加速，中国经济与世界经济接轨已成为不争的事实，英文广告语也开始充斥在学生日常生活之中，成为学习英语的一种特殊的资源。英文广告词短小精悍、形式新颖、朗朗上口，具有信息集中性和跨文化交际的特点。在教学中我们可以利用这一媒介，培养学生朗读、模仿、记忆的习惯和能力，增加学习情趣和主观能动性。

（四）趣味英语游戏在英语课堂活动中的运用

1. "hot potato" ——烫手的土豆

学生进入初中课堂的第一节课的主题可以设置为认识彼此，侧重于口语训练，交际的目的性也比较强。目前的初中英语课堂上大多会采用轮流进行英语自我介绍的方式来认识彼此，这个活动可以让每个人都有发言的机会，但这种活动在学生之中从小学开始就采用了很多次，学生参与的兴趣不是很高，且由于每个学生的性格不同、原有英语水平也不同，也可能会导致学生课堂表现机会的不均等现象。教师在课堂上，可以让学生分成两组或多组。每组成员一个接一个地将自己的中文名（若有英文名更好）写在黑板上，之前要告诉学生仔细观察并尽量识记这些名字所对应的人。接着就可以开始进行"hot potato"（烫手的土豆）的游戏了。这个游戏的规则是组内的一个成员（最初发言人）大喊出自己的名字"I'm ..."，手上拿的球或纸团是一个"hot potato"，因为"很 hot（烫手）"，所以必须很快地把它（气球／纸团）扔向其他任意一个队员，接到"hot potato"的队员就开始继续喊出自己的名字"I'm..."，以此类推。几个轮回下来，每个人都能记住所在组内大多数人的名字，而且大声、响亮地喊出自己的名字，也是一种情绪宣泄的方式，可以释放一下初次见面的拘束和羞涩。接下来，就可以开始深入了解了。教师可以让学生回到座位上分发给每人一张小纸条并让学生找一个班内的（非之前同组内的）人做搭档，交流彼此的 likes&dislikes（喜恶）并写下来，五分钟后，学生必须在所有人面前用英文介绍自己的新搭档。

2. 绕口令

用声、韵、调极易混同的字词交叉重叠编成句子，说起来语音绕口，是一种语言游戏。

学习绕口令不仅有助于同学们有意识地比较一些容易混淆的音素，而且能提高学习英语的兴趣。绕口令有长有短，有易有难。为减轻难度，可将句子中涉及的生词在练习绕口令前进行领读。然后，给予学生充分时间熟读这些绕口令，最后进行小组和个人的比赛，看看哪些同学说得又快有准。其主要作用是可以训练学生的英语口语能力，并在有趣的绕口令中体会英语学习的乐趣。经常训练绕口令可以增强学生的语感，校正学生错误发音，锻炼学生的发声器官、提高学生用气和吐字的功力，还能训练学生的思维，提高学生的反应速度和应变能力。

3. 英文谜语

猜谜学英语的教学目的是通过游戏，让学生在轻松愉悦的环境中复习旧单词、习得新单词。在猜谜游戏中，可以先让学生猜测谜面的中文意思，如果在句意理解上有困难在给予提示或解释。谜语中所提示的形象特征，能够让孩子将比喻与现实的事物联系起来，有条理地进行全方位的思考。对谜底进行探索的过程，可以激发学生的想象力和创造力。长期积累，可以拓展学生的词汇量、增强学生对英语句子的理解能力，对于学生阅读能力的提高是大有好处的。

（五）电影在英语课堂活动中的运用

看电影学英语是人们一直推崇的英语学习法，但真正要运行这一种学习方法还是比较难的。看电影学英语确实有好处，看外文原版电影才能把外国人的思维、文化和语言一起"泡"来吃。也指出，选择电影有三看：一看语言量是否大；二看内容是否贴近生活，三看发音是否清晰地道。这三个方面几乎涵盖了语言学习中语音、语调、节奏、用词、思维、感情等几大要素。英语原声电影在教学中的应用可以让学生体验和感知真实的语言，让学生展现个性、发展心智、拓宽视野，提高学生的听说能力。观看电影能够附带词汇习得。通过看电影获得的部分词汇知识能够在长期记忆里保持一周以上时间。虽然说电影是很好的学习英语的材料，但仅靠几部电影是不可能学好英语口语的。使学生更好地学习影片，我们指导者要在课前做好充分的准备。如在选择电影的时候应遵循题材轻松、内容简单、画面对语言说明作用强的原则，这样有助于学生通过电影的画面情节对英文对白有更好的理解。学生思维活跃，对于影片中不懂的地方会议论、会提问。进行电影教学前，教师要对影片中中西方文化差异的问题做好向学生解释的准备。影视作为语言载体能够更好地激发学生的学习兴趣，影视辅助的初中英语教学比传统教材的英语教学更能提高学生的英语口语。电影如果合理利用，一来可以让学生在繁忙的学习中轻松一刻，二来学生可以通过剧情学习一些比较地道的口语表达，让自己的英语显得更加的地道，并了解一些英语国家的文化。

（六）英文歌曲在英语课堂活动中的运用

通过英语歌曲学习英语是否有好处、是否有效这一问题，观点不一。有的人认为听英文歌曲学英语不是个好办法，首先，正常人说话的音调和唱歌是很不一样的；其次，在英文歌里听到的词在日常生活中不常用，而且句型不严格遵守语法规则，因此很难从英文歌曲中学习标准英语的语音语调和语法概念。对于考试英语来说，听英文歌曲学英语的方法作用也许很小。但如果你想要最终成为一个素质较高的英语高手，听懂英文歌，会唱英文歌还是必需的。当然，对于中学生而言，听英文歌不能作为大力推崇的学习方法，是因为他们的基础还有待夯实，只能作为一个兴趣爱好或偶尔的训练方式。在英语教学过程中合理地用英文歌曲来辅助教学，对优化教学情景，激发学生学习的兴趣，提高教学效果，有很好的作用。听懂英文歌曲是有好处的，一是可以极大地提升学生学习英语的兴趣，而兴趣是学习的最佳原动力。所以经常听英文歌曲，可以增强学习英文的信心，对学习英语还是非常有益的。二是通过听和查自己听不懂的单词，可以增加自己的词汇量，而且有些歌词很有哲理性，值得摘抄和背诵，而且学生对歌曲背诵的动力要比课文要强得多。三是虽然说歌曲的语音语调不同于平时讲话，但这也不是绝对的，我们可以选择一些节奏较慢、吐词比较清晰的歌曲进行听、唱的练习，逐渐练习自己的英文发音。

四、基于"交往行为"的课堂活动设计

（一）教学内容

本课为综合技能部分，旨在引导学生结合单元话题，综合运用本单元中所学知识进行听力和对话为主的技能训练。教材中设计了图片排序、填写笔记中所缺单词、填写文章中所缺句子和对话操练等题型。听力材料设置于一定的情景中，比较生动，且便于学生理解。听力练习的编排由易到难、由浅入深，设计得当，利于学生接受。对话部分需学生进行小组合作，利用已学知识和所给材料完成新对话的编排与展示，有一定的挑战性。

（二）目标分析

（1）知识目标

理解并掌握一些词汇、短语和句型。

（2）能力目标

①通过参与课堂活动提高听说能力

②能使用合适的语言自由谈论"奇妙事物"

（3）情感目标

①激发学生探索奇妙世界的兴趣

②学会合作与交流

③课堂活动设计

第三节　核心素养导向的初中英语课堂教学活动

在核心素养大框架下，英语学科核心素养也随之落地。很多专家学者和教授做了更深层次的研究、分析以及论证，其研究内容涉及：核心素养在教学过程中的阶段性目标、如何基于英语学科核心素养进行课程与教学的改革以及英语学科核心素养与英语阅读教学的研究等。

一、核心素养概念界定

（一）核心素养

核心素养紧紧围绕"立德树人"的根本要求，坚持以人为本，遵循学生身心发展规律与教育规律；充分反映新时期经济社会发展对人才培养的新要求，全面体现先进的教育思想和教育理念。

（二）英语学科核心素养

英语学科核心素养是学生在接受相应学段英语课程教育的过程中，逐步形成和提升的适应个人终身发展和社会发展需要的必备品格和关键能力，综合表现为四大素养，由语言能力、学习能力、文化意识和思维品质组成。

1. 语言能力

语言能力是指在社会情景中，学生以听、说、读、看、写等方式理解和表达意义、意图和情感态度的能力。语言能力是学生文化意识、思维品质以及学习能力发展与培养的前提条件。语言能力目标除了对传统认知中的语言技能、语言知识等方面的学和用进行了整合以外，还增加了一个"看"的技能。

"看"的技能，在现在这个新媒体时代非常重要。学生可通过看网页、视频等进行学习。最新研究也表明：一边看文字，一边听文字的录音，可以促进对文字的准确理解。

2. 学习能力

学习能力指学生积极运用和主动调适英语学习策略，拓宽英语学习渠道，努力提升英语学习效率的意识和能力，是推动其他三个要素进一步发展的重要因素。现行课标的提法是"学习策略"。学习策略是一种主观的意向，是学生在面对一项任务时采取的一种最有效的措施。如果某种策略经常使用，熟能生巧就成了技能或能力。

所以策略不是一个最终的目标，能力才是。教师需要做的是根据语篇内容和体裁特点，有针对性地指导学生运用策略。所以，英语教学中发展学生的学习能力至关重要。

3. 文化意识

文化意识是指学生对中外文化的理解和对优秀文化的认同，是学生在全球化背景下表现出的文化意识、人文修养和行为取向，是其在人文价值观和行为取向方面的具体表现。

这样的定位全面提升了文化目标的高度。课堂学习不只是学习理解文化知识，更是培养学生对优秀文化的认同，并将其内化为学生的品格；也不只是学习目的语国家的文化，而且要促进学生对中外文化的理解以及中国传统文化的传播，培养学生家国情怀，让学生形成健康的审美情趣、价值观念。学生通过英语学习，可以了解语言所传递的价值观念，由此提升自身品格，实现全面发展。

4. 思维品质

思维品质是指学生的思维个性特征，反映其思维的逻辑性、批判性以及创造性等。在英语学科核心素养框架体系之中，思维品质侧重于展现学生心智能力的发展水平。思维品质按照四个层面分类，即观察与比较、分析与推断、归纳与建构以及批判与创新。

教师在教学过程中应注重培养学生分析、综合、推理以及判断等思维品质，特别要注重学生高阶思维的锻炼，进一步提升学生思维品质，提高英语学习的效率，促进学生整体学习能力的发展。

（三）初中英语课堂教学设计

如何把课堂教学与学生未来发展紧密结合，对教师来说是一个巨大的挑战。教师要把核心素养落实到课堂活动中，落实英语学科教学的主题语境、语篇类型、语言知识、文化知识、语言技能和学习策略六块内容，丰富课堂活动。

英语学习活动观指出实践英语学习活动观，着力提高学生学用能力，倡导要以综合运用能力和英语学科核心素养为导向。教师应把碎片化学习向整合化、情景化和结构化学习转变，设计主题引导下的内容教学；力求教学设计的情景化、问题化和活动化。

1. 听力活动设计

首先，学生要听主旨大意，听这段对话的场景是在什么情景下发生的，再听里面的一些细节和信息，包括对话里面的情感、态度和对话人物之间的语气。在听的过程中，学生要学会推论，即推论听力材料里面没有的信息，做出一些判断和推断。教师要利用有限的听力资源对学生进行精听的训练和听力学习策略的指导。

2. 阅读活动设计

在阅读可分为读前、读中、读后，并由此设计相应的活动。

阅读前，教师可使用提问或者讨论的方式激活学生对这篇文章相关知识的实际生活经验，通过展示物品、图片和视频，或分享亲身经历，增强学生与本课联系的紧密性，让学生对文章内容有一个大概的预测，然后在阅读中验证。

在阅读中，教师可以设计多个层次的活动，并将学习内容进行分段讲解，减少干扰，让学生理解文章主旨大意，找出主题句、支持的论据，分清楚哪些是观点、哪些是事实。讲解重点时，教师可采用特别的方式来吸引学生的注意力，解释生词或者句子的深意，让学生理解文章结构，明白写作意图，推测作者可能对某一事物某一种观点的立场，并了解写作修辞手法的运用等。教师要给学生时间思考，在其理解后再进行练习，妥善处理课堂上学生预设范围外的问题。

此外，不同的文体和体裁，要采取不同的策略。读后的活动主要包括两方面：一个是口语的输出，一个是笔头的输出。教师要注意给学生留足回想、深思和消化的时间。

3. 语法活动设计

语法活动设计首先要体现交际性。其次要突出语法活动设计的意义性，即它在生活中的运用。最后，语法活动设计要注重训练。语法课可开设专门练习课程，如专门学习 who 和 whom 的区别或者专门练习形容词比较级。教师在设计语法教学活动时还要注意体现语言的表现性，要将其与常规的语法教学活动相结合，比如常规的替换练习、句型训练。

4. 口语活动设计

口语教学活动要考虑信息差。教师要把握三个词 information gap，meaningful，interactive。学生之间要有信息差距（information gap）、活动要真实有意义（meaningful）、活动要是交互性的（interactive），我们可以设计 role play 的活动，可以让学生小组互动式地编故事，或者发明一个新的英语游戏。有信息差的活动如 describe and draw，一个学生描述，另一个学生根据他的描述来画图或者选择和描述一致的图片，或者给图片做一个 matching。此外还有一些活动：interview，survey，brain storming，picture talk，find someone who 等。

5. 写作活动设计

写作教学中，教师可以用思维导图帮助学生搭建脚手架。从最基础的词汇、词汇的搭配、词的同义词、反义词、同源词和词组的搭配，到基本的句式，然后句子成分的运用，到学生能够写出基本正确的句子，然后能够写出长句、复杂句、从句，包括标点符号、大小写的运用，到学生能够写一个比较完整的段落，最后再过渡到篇章。教师要从最基础的阶梯一步一步帮助学生掌握写作的要义。

第四节　初中英语课堂活动设计有效性的提升策略

一、初中英语生本课堂教学活动设计的有效性分析

（一）当前初中英语教学低效的原因分析

1. 教学模式落后

新课标理念下的初中英语教学中一直提倡创新教学模式，改革教学方法，但一些新型教学模式、教学方法还有应试教育的影子，灌输式教学、题海战术依然存在，学生被动地接受知识，并不是真正的理解和运用，教学效果低下。

2. 学生的主动性差

落后的教学模式下老师往往单向输出知识和信息，缺少和学生的交流互动，或者说不太重视学生的看法和意见，导致学生的思维和行为被束缚，在学习中过于依赖老师，缺少主观能动性，这样的教学很难保证有效性。

（二）生本教学的内涵及作用

生本教学的核心教育理念是：一切为了学生、高度尊重学生、全面依靠学生的生本教育，提倡减少频繁的统一考试，不干扰学生在成长期的自由成长，将学习主动权交给学生自己，削弱在日常评价中的比较、竞争功能，鼓励学生自由发展、自主学习，并积极思考和探究，积累丰富的知识和感悟，在取得优异成绩的同时加强德育教育。

生本教育的核心是"以生为本"，也是开展生本课堂教学的重要原则，在生本课堂教

学中，将学习主动权交与学生，引导学生自主学习，老师为学生创造积极活跃的讨论空间，加强师生之间、同学之间的交流互动，激发学生的学习兴趣，增加学生参与课堂教学的机会和空间。在学生自主学习和课堂思考讨论的过程中，培养学生的创造性思维，老师必须保证生本课堂教学活动设计的有效性。

（三）生本课堂教学的特点

生本课堂主要培养学生的自主学习能力和合作探究学习能力，最终达到提高学生创造性思维和实践应用能力的目的。

1. 师生角色互换

生本课堂教学与传统教学模式最大的不同之处是师生角色的定位，在传统教学中老师是教学主导，学生是被教育者，在生本课堂教学中，学生是学习的主导者，老师是站在学生身后的指导者和引导者，是学生自主学习、合作学习的共同体。生本课堂将班级视为一个有共同学习目标的整体，通过调整学习策略促进整体水平提高。

2. 以问题为导向

生本课堂教学将问题贯穿教学中，以问题为导向开展学习，生本课堂教学目标不单单是学到书本上的知识，而是学会学习方法，自主探究，将学习转变成学生的一种能力而不是任务，教学方式由传统的老师评价转变为问题导向的学生自主合作学习探究的项目型学习模式，通过问题大大调动学生的积极性。在教学中老师应该用问题引导学生在实践中学会用英语表达自己的想法。

3. 自主学习与合作学习

生本课堂教学活动的顺利开展比较依赖学生的自主学习与合作学习，自主学习与合作学习并不矛盾而是互相促进的，学生之间或师生之间组成一个学习共同体，彼此之间在学习过程中积极地交流沟通，分享学习资源和学习经验，共同完成学习任务。

（四）提高初中英语生本课堂教学活动设计有效性的策略

1. 根据学生的实际情况设置合理的问题

生本课堂的特点之一是课堂教学以问题为导向，老师要想保证课堂教学活动的有效性，必须保证设计的问题科学合理。老师应根据学生的实际情况包括学生的学习能力、接受能力、兴趣爱好、成长需求等情况，设置一些合理的问题，创造与学生交流互动的机会，提高学生在生本课堂上的参与度，也可以通过这些问题了解学生对学习内容的掌握程度，老师设置的问题不能太难或太简单，否则无法回答会打击学生参与的积极性，或者认为提问没有意义失去参与的兴趣。

2. 营造积极活跃的课堂气氛

课堂气氛对学生来说很重要，积极活跃的课堂气氛能够调动学生的积极性，使得学生放松身心积极思考，并参与教学。要想增强学生在初中英语课堂上的参与度，保证生本课堂教学活动设计的有效性，可以从营造积极、活跃、有趣味性的课堂氛围着手，使得学生放下防备，以轻松、愉快的心态参与教学中，即使回答错误也不会被苛责，引导学生积极参与到课堂中，形成同学之间、师生之间的有效、良好的互动。运用一般疑问句猜测同学最喜欢的歌手，既让学生熟练运用了本节课的重点句型，又让学生放开思维大胆想象，并用英语大胆表达。这样的小游戏可以激活课堂气氛，将学生整体都带动起来，积极上台表演，积极表达，在轻松愉快的气氛中巩固并运用新句型。

3. 合理利用情景教学

情景教学是一种有代入感的教学方法，以贴近学生生活的情景对教学内容进行解读，在调动学生积极性的同时降低学习难度，使学生更容易理解和运用所学内容。学习英语最重要的目的是使用，在不同的情景中如何合理使用语句、词组是非常重要的，因此，通过创设情景让学生在真实的情景中练习、思考，对提高学生的英语水平有极大的促进作用。生本课堂在促进学生个性发展方面有不可取代的作用，但也存在弊端，生本课堂过于依赖学生的自主学习，如果学生不能积极开展自主学习或者老师不能保证教学活动的成效，很容易适得其反，这是在运用生本课堂模式中应该重视的问题。

第五章 初中英语课堂活动设计实践

第一节 写作活动的设计

一、写作微技能训练的活动设计

（一）准确审题，明确中心

写作命题时应该考虑的六个维度：

• Functions（写作目的）

• Type of text（文体形式）

• Addresses of text（阅读对象）

• Topics（题干所要求的写作主题）

• Dialect（语体——英式英语 / 美式英语）

• Length of texts（文章篇幅）

这六个维度为我们聚焦写作教学中审题的关注点提供了启示，其中"写作目的""文体形式""写作主题"和"文章篇幅"在目前的初中写作要求中较为常见。而这四个关键点在实际的写作教学中，难易程度有所差别。就写作任务的设计而言，初中阶段的写作任务通常主题较为明确，同时会对文章篇幅做出明确的规定（不少于 60 词或不少于 80 词）。但对于学生而言，在如何通过有效审题确定写作内容方面存在较大的问题，致使写作内容无的放矢，不得要领。因此，"写作目的""写作内容"和"写作体裁"就应该成为我们在审题过程中首先考虑的重要内容。

1. 明确写作目的

明确写作目的是指能读懂作文题目所包含的信息，理解为什么要写。写作作为一种语言的表达，有清晰的交际作用，因此只有明确了目的之后，才能更好地完成写作任务，达成交际的目的。

2. 确定写作内容

确定写作内容是指根据写作目的及写作体裁，确定短文的主线，这决定了短文围绕哪个或哪几个方面的内容展开，如时间、地点、人物、事件、写作人称等。

我们可以聚焦其中的关键信息："如何保护自己""某一个情景""具体事例"，经过审题分析，可以总结出写作内容应为：根据一个具体的情景或例子中的具体问题，阐述自己如何进行自我保护。

3. 选择写作体裁

选择写作体裁的技能是指能根据写作目的及内容的要求，选择恰当的写作体裁。每一种体裁都用于体现相对固定的写作目的。根据审题的具体要求，我们要设计教学活动来引导学生通过聚焦写作任务的关键信息，进行有效审题。一般来说，学生在英语写作审题时的思考步骤为：聚焦关键信息—明确写作目的—确定写作内容—选择写作体裁。根据这样的路径，我们可以按照不同类型的写作任务设计相关的审题训练活动。

（二）激活信息，组织素材

通过审题，学生明确了写作任务的目的、内容及体裁。接下来的一个重要步骤是"能根据写作要求，收集、准备素材"。教师要设计教学活动，培养学生收集与写作任务相关的信息及根据话题合理筛选、组织写作素材的技能。

1. 激活写作信息

写作所需的相关信息包含内容、语言和组织结构三个方面。设计训练活动时也应围绕这三方面。为此，教师在课堂教学中，可以设计以下形式的训练活动。

（1）头脑风暴

头脑风暴是利用集体的智慧集思广益的方法，旨在激发学生的联想，打开写作思路，通常运用在写前活动中。教师提出话题，让学生列出围绕这个话题所想起的词汇或概念。

（2）学生自我提问

教师可以引导学生以"自己提出问题，自己回答"的方式打开思路。

2. 情景创设

运用与写作任务主题相关的图片、视频等资源来创设情景也是激活学生思维、提取写作相关信息的有效方法。

3. 解析范文

解析范文是学习模仿写作所需语言及篇章结构的有效方法，可以提高学生谋篇布局的能力。

范文的选择至关重要，除了有意识地收集积累外，教师首先要充分利用教材来辅助写作教学。

（三）组织写作素材

学生在激活了相关写作信息，获得写作素材后，接下来的一步便是依据写作主题，对这些素材进行筛选、组织，使之更好地为主题服务。任何一种体裁的写作都有主题，比如在记叙文中需要有"中心思想"，议论文中要有"中心论点或观点"，写作的主题决定了写作素材的取舍和文章的结构。

在实际写作中，我们常常会发现学生面对大量的写作素材，不知道该如何梳理、筛选，或者无法围绕主题组织写作素材，清晰地进行陈述、描写或说明，造成文章的主题含混不清。由此可见，在写作过程中，紧紧围绕主题，合理地组织写作素材，安排文章结构是写作必不可少的一项技能。在课堂教学中，教师要有意识地设计训练活动来引导学生对写作素材进行筛选、归类及排序，以帮助学生掌握合理组织写作素材的技能，培养学生的逻辑建构能力。

通常教师可以设计以下训练活动来培养学生组织写作素材的能力。

1. 图形组织

我们可以利用一种辅助工具——图形组织来帮助学生整理写作内容。图形组织是一种组织性的思维工具，它以主题为中心，通过线条、箭头、方框、圆形等方式将各级主题的关系用隶属的层级图表现出来。学生在写作过程中的思维过程是内隐的，而图形组织能以直观形象的方法使思维可视化。

在写作教学中，教师可根据写作任务的不同主题和体裁灵活地使用这一思维工具，以帮助学生获取信息，分析并梳理写作内容，组织写作素材，最终完成写作任务。图形组织一般分为以下三种形式。

（1）时间轴

记叙类的文章通常以时间或事件发展的顺序为线索组织内容，因此可以采用时间轴的图形组织，以时间顺序标出不同节点上发生的具体事件。

（2）网状图

对于描述类的文章则可采用网状图来帮助学生按照各部分与主题之间的关系来对写作素材进行归类。

（3）树形图

论述类的文章较多采用树形图这样的分层结构图。它的特点是层次分明，各层级间有清晰的隶属关系，主题明确，支撑主题的内容清晰。教师借助这一图形组织能帮助学生厘清素材和主题之间的关系。

2. 习作提纲

列提纲的目的是梳理写作内容以及构建写作结构。学生在写提纲时需要思考并梳理短文的主要观点、支撑信息、例子等内容之间的并列或隶属关系。在学生列提纲时，教师可以提供一些相对固定的写作提纲。

（四）语言准确，表达地道

书面表达是作者用文字来传情达意，既服务于自己，又服务于读者，体现语言的功能性和交际性，体现课程标准"用英语做事情"的目标。因此，英语写作教学应以语言使用准确为基础，力求表达地道。具体可以包括：正确使用词汇、灵活掌握词性的分类和功能；写出语法正确、语义完整的句子；恰当变换句式；表达地道，符合英语表达习惯和文化常识；正确使用字母大小写、标点符号等。这些要求都需通过教师设计相应的教学活动得以达成。

1. 正确使用词汇

词汇在语言的使用中起着重要的作用。没有语法，人们难以很好地表达；但没有词汇，则什么也不能表达。可见，词汇在英语写作中占首要地位。

在使用词汇时，我们往往会误用一些词，但并不全错，只是不地道、不恰当或者不够生动有趣。因此，正确理解词性、词义以及避免常见的词汇错误，是英语写作最基本的技能。针对这项微技能，我们可以从以下几个方面着手设计训练活动。

2. 词性的正确辨别

在英语中，我们可以利用词性的变化，用多种形式来表达同一种意思。因此，我们要有意识地利用英语的这个特点，在写作时通过变换单词的词性，使作文内容更为丰富多彩，使英语表达更为地道。

3. 词义的精确表达

英语写作中，学习者写出的短文经常词不达意、错误百出，缺乏生动性与准确性。究其原因，是学习者词汇量有限，对词义知之甚少。比如，family 和 home 这两个词都可译成汉语的"家"，但它们却不是同义词。family 主要指家庭成员，与人有关，而 home 主要指所居住的地点、住宅。except 和 besides 都可译为"除了"，但它们的意思却是相反的。

造成以上混淆的另一个原因是受母语的负迁移影响。如学生经常将"看报纸"表述为 see a newspaper；将"吃午饭"表述为 eat dinner；将"我非常喜欢英语"表述为 I very like English，等，这些都是错误的表达。

4. 词汇的常见错误

学生在写作中常见的词汇错误有单词拼写错误、动词形式错误等，我们可以针对这些错误设计相关的训练活动。

（1）单词拼写错误

语句是由单词组成的。在实际的单词拼写中会出现很多错误。单词拼写错误大多出现在字母增减以及记忆错误上。

（2）动词形式错误

动词的时态和语态错误是英语写作中常见的词汇错误。譬如动词过去式通常在词尾加 ed，于是在书写时，学生很容易出现 breaked 和 stoped 等错误形式。学生在使用动词的第三人称单数、现在分词、过去式、过去分词时，常见的错误有 enjoies，rainning，spitted 和 sitted 等。

5. 写出正确句子

英语句子的正确运用能凸显学生的语法基础知识和写作能力，能体现学生的语言综合运用能力。正确运用英语句子包括句子的时态、人称、语序、上下文连接词、从句关系词、名词单复数、冠词、形容词、副词、介词、非谓语动词的准确性和地道流畅的语言。要教会学生正确使用句子，首先要让学生明确句子的基本成分和基本结构。

句子的基本成分包括主语、谓语、宾语、表语、同位语、状语、定语和补语。初中阶段应该掌握的基本句式结构可以用"315"这一口诀来概括记忆。它代表三个从句(宾语从句，状语从句，以及定语从句的初步认知)、一个非谓语短语（动词不定式）和五个基本句型。在设计训练活动时要聚焦句子的基本成分和句子的基本结构。

（1）句子基本成分的训练

教师在教学的过程中，根据不同类型和结构的句子，利用其共性，找出它们共同的模式，然后编成句型，再让学生依据这个句型更换内容，以达到掌握英语句型的教学目的。

而简单句是每个英语学习者必须掌握的。简单句通常包含一个主语（或并列主语）部分和一个谓语（或并列谓语）部分。

为了帮助学生掌握句子基本成分，教师可以开展以下训练活动。

①识别成分。

划分句子成分是一种常见的教学方法，有助于学生厘清概念，为他们写出正确的句子打下基础。传统的教学方法是教师在解释句子成分后循序渐进地呈现一些句子，要求学生用不同的标记来划分。

②改正句子。

学生在写句子时，常常会犯成分残缺，误用时态、代词、连词和副词等错误。教师可以以某一主题为专题，进行教学活动的设计。

③模仿造句。

对于一些固定搭配的单词或者词块，教师可以采用头脑风暴游戏让学生进行模仿造句。

④连词成句。

连词成句是国内英语中考的一个常见题型，它既考查学生将词汇组成句子的能力，又检测学生是否明确不同词性的单词在句子中的不同作用和位置。教师在平时的教学中可以设计不同的游戏活动，在提高学生组句能力的同时，训练学生正确使用词汇的能力。

⑤扩展句子。

扩展句子就是将简单的句子扩展成意义丰富的一句话或者一段话，它可以用来训练学生对语句基本结构的正确理解和运用，同时也可以拓展学生的思维，提高表达能力。

（2）句子基本结构的训练

句子按使用目的可分为陈述句、祈使句、疑问句和感叹句。句子按照其结构可分为简单句和复合句。简单句的基本结构为：一个主语（或并列主语）部分和一个谓语（或并列谓语）部分；简单句有五个基本句型。

当学生的词汇量达到一定数量，教师就应该教会学生识句、懂句，进一步达到能够造句的程度。只有当学生认识了句子，理解了句子，能用句子表达，才算真正领略了英语是一门交际语言的含义。句子结构训练可以通过以下活动开展。

①整理归纳，列出句型。

每一种句式都有固定的顺序结构，教师在课堂教学活动中要适时地帮助学生整理归纳，引导他们列出正确的句式结构，如初中阶段的宾语从句、状语从句以及一些类似于 It is+adj.+（for sb.）to do sth. 的固定句型。归纳句型后加强针对性的训练，学生才能写出正确的句子。

②机械模仿，活用练习。

机械模仿是一个简单有效的教学方法，能够使一些英语学习能力较弱的学生在反复操练后学会基本的句式表达，从而能够写出正确的句子。在学生知道了教师教授的句型后，教师可以用一些简单的机械模仿练习来进一步巩固句型。然后向有意操练和活用练习过渡。这个过程中可以适时地结合书写，以确保语言掌握的精确性。

③创设情景，套用句型。

创设情景，不但可以给学生提供相应的语境，还可以激发学生的学习兴趣，激活学生的思维，促使他们在一定的语言环境下，经过教师的引导，体会句型的含义和用途，逐步达到掌握和应用句型的程度。

（3）应用地道的表达

要求学生在书面表达中需根据所给的情景和要求写出一篇文理通顺、语言准确、连贯流畅、地道得体的短文。所谓地道的表达就是指英语的表达方式符合英美人士的习惯，词语搭配正确、意思表达到位、文体成熟、语言精确流畅。

但是学生在写作时，最常见的问题是"中式英语"。它是中国英语学习者在学习过程中受母语干扰而产生的一种既不符合英语语法，又不符合英语习惯用法的语言表达方式。中式英语的反复出现，对英语学习者造成了严重的干扰。如何才能帮助学生摆脱中式英语，学会应用地道的英语表达？我们需要从以下几个方面入手。

①中式英语的病句修改。

收集学生英语写作中出现的一些典型的中式英语句子，这些句子既不规范，也不正确。讨论修改这些句子，可以使学生通过正误对照，知道怎样防范类似错误的发生。

②句子精练，避免重复。

写作中，过于冗长或复杂的句子，会产生歧义，给阅读造成不便。精练简洁的句子可以清晰地表达作者的思想和意图。重复是致使句子冗长或复杂的主要原因。所谓重复，主要包括：主语重复、动词重复和意义重复，我们可以通过删除这些重复内容、替换指代词并且适当调整句式，如增添连词、改变形容词的位置，来使句子简洁明了。

③变换句式，厘清逻辑。

大量的简单句会使写作内容呆板单一，结构松散。当两个或多个简单句中的信息并列时，可以使用并列句将其合并。当多个简单句的信息有主次关系时，可以使用从属句将其合并。通过并列句和从属句的运用，能使句子结构更严密、逻辑更连贯。

④词块替换，仿写习语。

要写出地道的英语句子，使表达更生动，语言更出彩，学习、积累英语词块并在作文中大胆使用是一个很好的办法。

什么是词块呢？Pawley 和 Syder 认为词块应该是词汇化句干或惯例化句干，是一种具有完整的或较固定的并兼具语法形式和词义内容的句子甚至更长的构件。

教师首先要让学生懂得识别词块，并能收集和记忆课文中的词块。根据教学内容在各环节引导学生操练词块。如根据单元的词汇教学重点，设计、制作 PPT 图片，每个图片的内容就是本课要求掌握的某个聚合词、惯用表达、句子框架等，要求学生看图，说出与图片内容相关的词块，并用它们造句。替换、仿写也是一个有效途径。

⑤首句尾句，变化生动。

英语作文若要写得地道，开头和结尾非常重要。所谓的"地道"，当然不仅需关注句子的正确与否，而且不能按照汉语的习惯来表达。教师在日常教学中应该引导学生注意西方人的思维特点和他们特殊的表述方式。比如：西方人在文章的开头往往强调要开门见山，直奔主题，表述时需要一句 strong，eye-catching sentence。而我们则习惯于先做铺垫，烘托气氛。改变句子的开头和结尾能够提高句子的多样性，如用副词、状语从句、介词词组、分词短语等代替传统的主谓结构，就会使文章增色。

⑥学习修辞手法。

修辞手法一般主要用于文学性写作中。但在初中的英文写作中有时也需要学习一些简单的具有英文特征的修辞手法，如果运用得好，会使语句生动从而为文章增添亮色。

英语中常见的修辞手法有明喻、隐喻、拟人、夸张等。其中，明喻和隐喻均属于比喻的范畴。比喻是最为常见，也是学生最容易学习掌握的修辞手法。

（4）正确使用标点符号和字母大小写

标点符号和大小写是书面语言中不可或缺的辅助工具，它们帮助人们更确切地表达自己的思想感情。在写作过程中，有不少学生只注重句子的结构和语气、词汇的性质和作用，而忽视了标点符号和大小写在表达上的作用，从而影响到整个句子乃至整篇文章的质量。所以，在写作时，一定要规范使用标点符号，同时要注意字母大小写的正确书写，学会识别词块、区分意群、掌握语句的基本结构，为写作的顺利进行打好基础。

根据在句子中的位置，标点符号一般可分为放在句末的标点和插在句间的标点。英语写作中需要大写的字母主要包含以下几种情况：缩写、专有名词、句首或直接引语开头。其中，专有名词包括：人名、地名、国名、节日、书名等。

（五）行文连贯，结构完整

篇章内容的完整性、主题的统一性、逻辑的连贯性是篇章组织的主要特征。篇章的完整性需要篇章的展开和充足的细节。篇章的统一性需要篇章中的句子都支持主题句。篇章的连贯性需要篇章中的句子以清晰、符合逻辑的顺序连接，以保证各个观点之间以及观点与主题句之间形成联系。篇章的连贯性通过一致的时态、统一的逻辑顺序以及连接成分得以保证。

篇章的展开是用细节对主题做说明、解释和论述。展开是篇章写作的关键，常用的方法有：事实与数据法、举例法、比较与对比法、因果法、叙述法、描述法等。

1. 中心明确

篇章中心明确首先取决于是否有一个鲜明的主题句。段落主题句是段落的主旨所在，它概括了主题思想，是段落的灵魂，是为整篇文章的中心服务的，具有高度概括和具体得当的特征。

一个段落要有一个主题句，段落内的其他句子必须从属于这一主题句，称为支撑句。一个段落通常还有一个结尾句与主题句相呼应，这就是段落的统一性

主题句一般出现在段首，也可出现在段末。大多数段落的主题句位于段首，这类段落属于演绎式段落，也是学生常用的一种方法，即"主题句 + 支撑句"的模式。使用这种方法的好处在于能够较好地把握全文的结构，有助于确定段落的主线，使各个支撑句围绕段落主题自然展开，保持段落的一致性与连贯性。主题句在段尾，可以使语气或气氛逐渐加强。在这种段落中，通常先把论据、材料、细节逐渐展开，最后自然而然地归纳出主题。这种段落属于归纳式段落，即由结尾的主题句总结本段的主旨，即"支撑句 + 主题句"的模式。

写英语文章的主题句要注意四点：①不要是一个不完整的句子；②不应该是个问句；③不要太宽泛或太狭隘；④不要用 I think，In my opinion 等作为主题句的开头。

特别需注意主题句不能写得太笼统，也不能涉及面太窄。如果主题句限定范围太宽，其内容就无法在一个段落中阐述清楚。如果限定范围太窄，又不利于段落的发展。段落主题句所限定的内容必须符合段落写作的目的，有利于文章的展开。

2. 指代清晰

段落句子的连贯是一个完整篇章的另一个重要条件。一个好的篇章应尽量避免结构的混乱和前后逻辑上的含混不清，换句话说，篇章的每一个部分都必须意思连贯、结构紧凑、衔接正确、表意清楚。指代清晰是表达连贯的重要方面。

3. 时态连贯

语篇结构与句子的时态是密切相关的，动词时态的使用决定着每个句子的正确与否。学生在写文章的过程中要学会结合语篇结构和内容综合地运用时态。英语文章中的动词在整个语篇结构中与上下文有着一定的关系。写作训练就是为学生学习和掌握时态提供语篇环境，在写作中学习时态使学生不仅知道某个时态结构的表层含义，而且懂得该结构应在何种情形下使用和怎样使用。但是需要强调的是：不要把微技能训练等同于讲解时态规则和分析句子结构，从而把写作课变为专门的时态语法课；而是要在语篇环境下学习时态、感悟时态，达成表达的连贯一致。

4. 逻辑合理

篇章段落由主题句和支撑句构成。支撑句使主题思想得到充分展开，使段落完整。所谓逻辑的合理性，首先，要看支撑句和主题句之间是否形成意义上的相关性，即所有的支撑句都必须对主题句起支持作用；其次，句子的排列顺序必须合乎逻辑；最后，要使用合适的过渡词来加强句与句之间的衔接或连贯。使用引申、转折、递进、让步、结果等过渡词，衔接句与句、段与段，可以增强文章的逻辑性。这样的段落才会既有统一性、完整性，又有连贯性。

要使文章合乎逻辑，尤其在议论文中，分清什么是事实陈述，什么是观点表达很重要。议论文要表达观点，但观点没有事实佐证就显得很主观，缺乏说服力。反之，光是堆砌事实，没有观点就显得内容琐碎，逻辑混乱。学会区分事实和观点，是培养批判性思维的起点。教师要帮助学生辨别事实和观点，学会用事实去支撑观点，进行有序、合乎逻辑的表达。

二、运用教材中的阅读材料设计写作活动

（一）确定写作教学目标

英语写作从本质上来说，是利用句子、段落和篇章，有效选择、组织和发展意义（或思想）的复杂认知过程，是用书面语表达意义的过程。阅读是培养学生英语应用能力的一种重要形式，它和写作一样属于书面能力。阅读要求的是理解和领悟能力，写作要求的是运用和表达能力。读和写的关系相当密切，互为促进。只有通过阅读的逐步领会，才能转化为写作的正确表达。

写作教学应当首先具有符合年级特征的教学目标，要结合本年级教材中所提供的写作题材，设计更具体、更契合教材内容、更符合学生需求的写作分类目标，它不仅是教学的指向，也涵盖一定的教学内容与教学要求。

（二）教材分年级读写教学内容和目标

第一，阅读以帮助学生积累语言材料和通过阅读提高获取信息的能力为主。提供和输入新的语言材料，包括单词、词组、句型、对话、短文、诗歌、信件、请柬、时刻表、图片说明、生日卡片、菜单、图表、标志、影集和地图等内容。

第二，写作通过制作家谱、影集、卡片，填写表格、请柬或购物单，填空完成句子和小诗以及回答问题等任务，为培养学生的写作能力打下初步的基础。

第三，阅读以帮助学生积累语言材料和通过阅读提高获取信息的能力为主。提供和输入新的语言材料，包括对话、短文、诗歌、图片说明、标志和地图等内容。

第四，写作通过写报告、写电子邮件、制作海报、填写表格、填空完成句子和回答问题等形式，为培养学生的写作能力打下初步的基础。

第五，阅读以提供语言材料和通过阅读提高获取信息的能力为主。提供和输入新的语言材料，包括对话、短文、图片说明、图表、标志、地图、游戏规则和房型图等内容。

（三）写作教学目标的设计

1. 案例分析

写作教学目标的确立其实是帮助学生结合写作主题收集信息、组织信息，从而明确写作内容并进行写作构思的过程。

2. 设计原则

原则一：明确写作教学目标的设定与牛津教材分年级读写教学内容和目标的关系。写作教学目标的设定是围绕具体的教学内容和题材决定的。不同的教学材料就有可能制定出不同的目标。

原则二：明确写作教学目标适用的范畴。根据日常写作课堂教学经验，写作训练一般涉及写作体裁、语言功能、相关语言形式与写作技能等。因此，教师制定写作教学目标时也应该有意识地依据教学内容合理确定目标范畴。

教师制定写作教学目标时需要统筹各类型写作目标在一个阶段的写作教学过程中该如何分布、在一个课时的教学中如何依据教学内容发掘目标类型，以更为丰富的教学形式和内容达成各类写作目标。

3. 设计写作教学活动

写作作为一项综合技能，不是一蹴而就的。学生语言运用能力的提高在于平时的训练和积累。写作中，若要充分地表达自己的思想，掌握足够的词汇、句型是必备的条件和前提。可以说，教材阅读材料是初中生获得语言知识最肥沃的土壤。结合教学主要阐述读后仿写、读后改写以及读后续写这三种写作形式。

（1）读后仿写

仿写是锻炼学生运用语言基本功的有效方式之一，它不仅可以提高学生的构段能力，而且也有助于增强学生的谋篇布局能力。仿写分为内容仿写和结构仿写。教材在读写结合编排上重点突出了阅读仿写的作用。内容仿写即根据单元话题，进行相关内容的写作，旨在通过对阅读语篇的模仿，巩固词汇、句式，利用单元提供的语言知识和语料内容进行写作，对输入部分进行对应的输出，达到学以致用的目的。结构仿写，即学生根据不同体裁的文章，模仿其谋篇布局的方式进行相应的写作，如在学习完一篇记叙文时，要求学生参照记叙文的写作要素和结构仿写一篇内容不同的短文。如果说内容仿写是对文章素材的积累与运用，那么结构仿写就是利用写作对学生的学习进行语篇知识的重组和再现。

当然，仿写练习可以根据需求，通过不同的方式来进行。在学生完成阅读理解之后，如果是要加强语言表达能力，可以选出有用的词汇或表达法，或选出有用的句型进行仿写；如果是要进行写作思路或篇章结构的训练，可以先整理原文思路，写成文本纲要，然后再根据该大纲进行仿写，或就类似主题用同样思路或结构进行写作练习。通过仿写，能使学生把前人的经验化为己有，提高知识迁移的能力，从而更好地促进阅读，形成良性循环。

①内容仿写。

仿写是提高学生写作能力的一种重要手段。学生可通过仿写学习词组、句子、段落，甚至篇章。在阅读文本中使用的词汇和句型都是学生以后写作的"资源库"，教师在课堂教学中，要引导学生善于发现这些资源，逐步内化成自己的语言积累，从而进行有效的语言输出。

从阅读文章的主题来看，所涉及的内容丰富多彩，与学生的实际生活息息相关，包括未来梦想、课外生活、家庭亲情、日常生活、文明礼仪、环境保护、旅游指南、兴趣爱好、饮食健康和文娱体育等，给英语写作提供了大量的内容话题。

在内容编排上，每个单元都围绕一个话题展开，为学生的写作提供了丰富的话题。教师在课堂教学中要善于引导学生发现和拓展出新的话题。

②结构仿写。

教材语篇体裁多样，有记叙文、说明文、应用文。这些选文也都体现不同的文体特征，值得教师在阅读教学过程中予以关注，引导学生在写作过程中体现这些差异。例如，在时态方面，记叙文、日记用一般过去时；说明文、介绍等用一般现在时；计划等用一般将来时。此外，要引导学生在阅读中关注不同文体的语篇结构，这对学生的写作是非常有用的。学生如果坚持不懈地运用、积累，写作效果一定会明显增强。

教师可引导学生将信件的基本要素填入相应的位置，让学生对信件的组成和布局有大致的了解，并通过问题使学生明白这封信的写作对象和写作目的。在这一过程中，教师可让学生练习英文地址的写法（即：按地址单元从小到大的顺序从左到右书写），以及补充常见的结束语。教师在学生动笔之前，引导学生对自己的信息先进行梳理，然后根据所给的框架提示，模仿所阅读的文本进行写作。

（2）读后改写

改写，即以文本内容为基础，让学生对文本语言进行加工改造、重新组合、重新表达的练笔方法。此方法可以检测学生对课文的感知深度，也可给学生创造语言运用的机会，实现阅读促进写作的目的。改写一般包括文体改写、人称改写和缩写等。人称改写指学生在理解文本大意后，在不改变其意思的前提下换一个人称进行写作。缩写指学生基于文本大意，对其要点进行提取，用简洁的语言概括文章的中心思想及主要内容。缩写的好处是通过写作厘清文章脉络，巩固语言知识，反思阅读过程，促进阅读效果的达成，以写促读。改写时要注意以下几点：除了要认真阅读原文之外，还要认真阅读改写要求；要处理好原文和改写文之间的关系，既要符合原文的意思，又应加上自己的理解和想象；要处理好不同体裁、不同写法之间的关系，既要保持原文的精彩之处，又应符合新体裁、新写法的要求。此外，复述课文也是一种帮助学生提高运用语言的能力，掌握、积累和运用语言材料的一种重要手段。学生在理解课文的基础上，按照一定的要求，调动自身已有的知识储备，用不同的语言材料，通过"口头"或"笔头"的形式把课文内容重新表达出来，为后续写作的顺利进行做好扎实的铺垫。

①文体改写。

六、七年级的课文以对话为主，主要让学生积累单词，操练运用语言结构。在写作能力的培养上，也还处于词汇、句型结构、时态的正确运用的积累阶段。因此，教师可充分挖掘单元主题中的语言素材，鼓励学生尝试把对话改写成记叙类的短文，从而提高他们对单词、句型、时态的使用能力，也为写作能力的形成和提高打下扎实的基础。

②缩写。

缩写是一种控制性的作文形式。它能使学生通过阅读原文，吸收原文在文本结构与语言方面的长处，写出内容一致、结构相似、语言简洁的短文，它对培养学生抓住文章重点的能力也有很大帮助，有利于他们在实际写作中避免面面俱到、事无巨细的现象。这种写作要求学生既要准确理解原文，又要能综合概括；它既能培养学生的欣赏能力，又能训练其书面表达能力。因此，缩写对学习英语写作的学生来说，不失为一种实用高效的方法。

当然，对于初中学生而言，缩写的要求偏高。在实际教学过程中，教师可以尝试让程度较高的学生通过填空、排序等方法完成对文本的缩写，并进行相应的指导。

③复述。

为了更好地帮助学生达到良好的复述效果，教师在教授阅读素材时，应巧设问题引导学生独立思考，加深他们对文章细节的理解，并且巧妙地将词汇、短语、句型结构、语言点教学渗透到对文本的巩固中，使得语言知识的呈现更加流畅，同时引导学生主动归纳语言知识的用法并进行形式多样的口头操练。最后创设情景，促进学生调动已有的知识储备，创造性地运用自己的语言，有重点、有条理地将文本内容叙述出来。

（3）读后续写

续写是对文章的扩展和补充，以扩展文章内容为基础，根据文章主体进行自由创作。王初明认为，续写是模仿与创造的结合，学习与运用的结合。他认为读后续写使语言理解和产出紧密结合起来，有利于扩张和巩固学习者的语言表征功能。

教学中，在进行阅读文本遴选时，应注意：文本要有趣且内容能延伸。有趣的阅读材料能够吸引学生，激发他们的想象力和续写动力。同时，阅读材料的内容要给学生留下足够的想象空间，刺激他们创作，并且使他们愿意写、能够写、写得长。阅读材料可以是曲折动人的故事，或是需要进行一定推理的文章，或是与学生生活体验密切相关的材料。从初中生的认知水平来看，这些阅读文本都是有趣的故事，提供了丰富的语境，并且很多故事的结尾不完整，是引导学生续写的好材料。学生读写前需要认真阅读材料，发挥想象力，按照原文的思路续写，以补全故事。

教师在具体教学时，当学生不知道如何用英语表达意思的时候，应鼓励他们模仿和使用阅读材料中的语言（如单词、短语和句型）进行表达，使得续写部分尽可能与阅读材料内容连贯、语言风格相近。

（四）运用教材中的写作材料设计写作活动

六、七年级以模块主题下设置单元话题的形式编写，每个单元话题的基本构成为 Listening and speaking, Reading, Writing 三大板块。八、九年级教材各单元话题的基本构成为 Reading, Grammar Listening, Speaking, Writing, More practice 等板块。但在日常教学中，相对于 Reading, Listening 和 Speaking 板块，Writing 板块通常是最被老师忽视甚至误用的部分。有些六、七年级的老师，对教材的写作素材运用得不充分或采取选择运用的方式。有些八、九年级的老师，因为教学任务重，认为没有足够的写作教学时间，往往直接布置作文题目，而没有充分利用写作素材进行写前辅导。对此，我们必须给予重视。

其实，教材的 Writing 板块为我们提供了指导学生写作十分清晰的思路和非常丰富的资源。如，六、七年级 Writing 板块的写前活动内容通常以 Read and write, Read and say, Ask and answer, Match and say, Look and read 等形式出现，通过提供听写练习、情景对话、范例短文等听、说、读的训练为写作任务的完成提供词汇、句型和结构的积累。鼓励学生把在前一部分学到的表达景点的词汇和表达感受的句型，在一个新的情景中加以运用。

因此，在教学中如何正确理解 Writing 板块各个部分之间的相互关系，充分挖掘、利用教材提供的语言材料，帮助学生进行词、句、段的训练以降低写作难度，拓展学生的写作思维，培养学生的写作微技能，提升他们的写作能力，是值得我们每一位教师思考的问题。

接下来分析在各单元的写作教学中，教师应如何学会参考教材中的写作素材确定写作教学目标，将教材中的写作任务进行有目的的分类与细化，并在整合素材、制定写作任务的过程中有规划地训练学生的英语写作技能。

1. 确定写作教学目标

全国课程标准根据学生不同年龄段和心理认知特点，从写作材料的体裁、写作微技能、语言运用表达等方面提出了不同要求。这些具体要求，不仅为教学进度和内容的安排以及学习测试提供了方向和重要依据，更为教师制定年级、单元、课时的英语写作具体教学目标提供了必要的指南。根据这些具体要求，教师可以把握正确的教学方向和范围，避免将日常写作教学目标制订得太高或太低，也避免写作教学的盲目性和随意性。

我们要充分利用教材中的写作素材，循序渐进、科学合理地设计作文写作教学目标，让学生通过观察、学习、体验完成课程标准的写作目标要求。

无论写作素材的引入和构成形式怎样，这些写作素材总是为最后的写作任务或提供写作语言，或提供写作框架，或提供写作思路。因此，教师要充分利用教材中的写作素材，基于全国课程标准规定的"写"的要求，设计写作教学目标。

2. 设计写作教学活动

（1）六、七年级单元写作教学的活动设计

六、七年级写作素材的构成有对话引入、图表引入、范例引入、词汇引入、阅读引入和写作引入。这些引入的素材，有些引入写作话题，有些呈现关键句型，有些提供写作框架，有些则呈现写作范例。教师要仔细研究这些写作素材的内容，充分发挥这些素材的功用，为学生完成写作任务输入足够的语言，构建文本的框架，培养写作微技能，提升写作能力。

①设计有关词、句的写作训练活动。

设计为顺利完成写作任务而做铺垫的词、句训练。之前我们分析了 Writing 板块的设计特点，了解到某些单元的 Writing 板块虽然设计了具体的写作任务，但缺乏写作过程的引导，尤其是语言积累的不足会直接影响学生的写作。

②为达成写作目标而增设的词、句训练。

虽然学生写作的困难多种多样，但是，不知道"写什么、怎么写"却常常是学生共同的困难，Writing 板块的素材形式多样，内容丰富，如果教师仔细分析、精心编排，充分挖掘素材中的词汇和句型，就能最直接、有效地解决学生的这一困惑。

③设计拓展思维的写作训练活动

在常见的"教师布置学生写作"的教学模式中，教师常常存在无法解决学生不知道"写什么、怎么写"的困惑。其实，写作教学不仅要注重培养学生良好的写作习惯，丰富学生的语言积累，更要激发学生的写作思维，因为思维能力的提高，思维方式的优化，是学生写作能力提高的有效保证。思维导图、小组讨论、设计问题等都是有利于激发学生思维的方式。

a. 思维导图

思维导图是一种行之有效的、可以把学生的想法"画出来"的方法。思维导图在英语写作教学活动中可以为学生提供写作语料、写作框架及写作大纲，为厘清写作的逻辑关系提供帮助。

b. 小组讨论

虽然学生的写作以个体的行动为主，但是个体的能力是有限的，小组讨论等合作学习、团队合作的方式则可以弥补个人能力的不足。写作过程中，学生的主体作用毋庸置疑，但是个体与集体的互动合作，可以激发学生的思维，可以在相互的分享和研讨中使学生获取更多的灵感和知识。通过与同学的讨论，集思广益，学生不仅能顺利完成写作任务，还能想到更多"可以做"和"不可以做"的事情来保护环境。

c. 设计问题

写作是一个积极思维的过程。在教师的指导下，问题的设计可以让学生在自问自答、互问互答中促进思考，激活思维，达到不断认识、修正、调整、领悟的目的。

④设计达成写作微技能的写作训练活动

研究表明，写作能力差的学生，有一些共同的问题：这些问题包括面对写作要求无话可说，不知道如何梳理、归纳、筛选和运用已有信息，写作结构框架松散，语句之间逻辑混乱等。出现这些写作上的"力不从心"，是因为学生缺乏应有的写作技能。要提升学生的写作能力，就必须重视写作技能的传授。全国课程标准列出了中学英语写作教学的基本技能，分别是：激活灵感、整理思路、组织素材、规划文章结构、列出提纲、起草文章、组织语言、遣词造句、修改文章、正确使用标点符号和字母大小写。在写作教学中，教师应把培养学生写作能力这一大目标细化为若干个写作微技能目标，对照细化项目实施，这样有利于写作教学目标的达成。

（2）八、九年级单元写作教学中的活动设计

八、九年级的 Writing 板块一般由一个至三个部分构成，通过提供各种相关材料（如书信范例、关键词汇、图片、短语、短文、对话、图表和连环画等），为写作任务做词汇、句型、框架上的铺垫和思维的训练。教师可以运用这些写作素材，设计写作目标，传授写

作策略，提高学生的写作能力。

①设计有关词、句的写作训练活动

②为达成写作目标而增设的词、句训练

③设计拓展思维的写作训练活动

④设计达成写作微技能的写作训练活动

第二节　互动式教学模式下的英语阅读活动设计

一、互动式初中英语阅读教学活动设计方案

当前，互动式教学模式在初中英语阅读中运用越来越广泛，教师也越来越关注学生这一主体性地位，但在具体的实际教学过程中，影响互动有效性的因素有很多，不同的教师所呈现出来的阅读课互动效果是不一样的，实践证明，阅读课不同的教学活动设计，英语阅读课将会达到截然不同的效果。基于以上研究，本章对互动式阅读教学活动设计的基本流程进行了介绍，并从阅读三个阶段出发，以教师和学生两个视角为着力点，进行了预读阶段、阅读阶段以及阅读后的教学活动设计，第三节呈现了一堂完整的互动式初中英语阅读教学案例设计。

（一）互动式英语阅读教学活动设计的基本流程

英语阅读教学分为阅读前，阅读中以及阅读后三个阶段，要有效开展互动式教学模式，就应当将互动式教学模式融合于阅读教学这三个阶段中。阅读前是激发参与互动阶段，在这一阶段，教师应运用情景创设策略，创设互动式阅读教学情景。要建立互动式教学模式小组，为促进学生之间的互动交流奠定基础。此外，课前预习是阅读课重要的环节，教师应指导学生制定各组任务清单，做好课前预习。在这一环节中，教师重点要明确互动教学目的，有计划地开展阅读互动活动。阅读中是互动引导探究阶段，在这一阶段，教师应运用情绪调节策略，变阅读为"悦读"；教师应运用情景创设策略，创设互动式阅读教学情景；教师应运用合作学习策略，开展互动式阅读合作学习。在这一阶段，教师应重点把握的是创新互动教学内容设计，转变互动教学方式。阅读后是互动拓展创新阶段，在这一阶段，教师可对阅读材料进行拓展性同步训练，拓宽学生视野，同时，教师应把舞台交给学生，尽可能让学生去输出，例如可组织学生进行阅读材料角色扮演等课堂互动活动。在这一阶段中，教师要重点把握好互动评价机制的激励，及时给予学生反馈。在这一阅读课堂

中，学生、教师构成一个双向的互动体系，教师是互动活动的引导者，学生是互动活动的主体。教师对其进行指导引领，学生的课堂表现又反作用于这个互动体系。因此，构建一个良好高效的互动体系，英语阅读课堂教学才会处于一个良性循环中。

（二）预读阶段的互动教学活动设计

对于阅读的三个阶段，预读阶段是在正式进入阅读之前一个重要的环节，它为接下来的阅读奠定坚实的基础。阅读前的几分钟十分关键，虽说时间不长，但承担着激活学生已有的生活经验，激发学生阅读兴趣的作用，它决定着整堂阅读课的基调，因此，为了让预读阶段更有效地激发学生阅读的潜能，发挥最大作用，教师精心对预读阶段的互动教学活动进行设计尤为关键。首先，从教师视角，教师应该明确互动教学目的，有计划地开展互动活动；其次，创设一个大语境背景非常重要，教师应该运用情景创设策略，创设互动式阅读教学情景。从学生视角，应该建立互动教学模式小组，交流互动课前预习任务清单，也为接下来的互动合作打下基础。

1. 教师视角明确互动教学目的，有计划地开展阅读互动活动

从本书的现状调查可以发现，教师如若没有明确互动式教学目的，对互动教学活动没有计划性，阅读课的互动教学活动易陷入散漫型互动。因此，在开展互动教学活动之前，教师首先就应该明确开展互动活动目的，有计划地开展阅读互动活动，具体可分为如下三个步骤：第一步，先确立教学目标。第二步，依据目标进行互动活动设计。第三步，完善教案，将互动活动整体融入整堂阅读课教学中。

2. 教师视角运用情景创设策略，创设互动式阅读教学情景

教师要创设互动的情景，调动学生参与互动的积极性。教师作为引导者，要营造轻松、愉快的课堂气氛去正确引导学生。教师要善于运用情景创设策略，通过有趣的且贴近生活的情景，吸引学生的注意，激起学生想学的欲望。在师生互动方面，教师要创设互动式阅读教学情景，具体可采取以下措施。

（1）利用表演，创设情景

教师扮演着多重身份，要成为一名优秀的英语教师，就要用心去成为一名"表演家"。阅读素材丰富多样，若新授课为故事性较强的内容，在课前教师可以呈现与文章有关的表演，对即将要学的内容让学生有初步定向。教师的表情、神态等都是激发学生兴趣、吸引学生注意力的力量源泉。

（2）背景铺垫，创造情景

在教授阅读新课时要提前对学生作适当的引导和铺垫，提供给学生阅读课文的背景知识以及与新授课文有关的丰富的感性材料，使学生有探究的欲望，激发学生的兴趣。在介绍背景知识的同时对学生本节阅读新课的学习提出学习要求，帮助学生更好更快地进入学

习的状态。

（3）利用图片、实物展示情景

在阅读课堂中，教师可依据阅读材料尽可能多地让学生与具体图片、实物接触，用最直观的手段，将学生的所有感官都利用起来，当学生被有趣、生动的图片和实物吸引到课堂中来，教师开展互动教学就成功了一半。且图片和实物应选取与学生生活息息相关的。展示给学生的图片和实物，是帮助学生消除学生与学习内容间的"陌生感"，这样学生才更有兴趣和动力积极参与到课堂互动中来。

3.学生视角建立互动教学模式小组，交流互动课前预习任务清单

课前预习是学生自主学习的方法，增强学生课前预习的意识，不仅有助于提高阅读课学习效率，更让学生有充分的准备参与到课堂互动中来，因此，课前预习任务的布置是一门学问。教师要积极引导学生与学生之间的互动，建立一个互动小组是一个很关键的方面。

小组的建立需要参照以下因素。

（1）小组规模

小组规模最好为 4~6 人，这样的人数组成的小组既可以满足小组的多样性，又使得小组各成员有足够机会参与到小组互动活动中来。

（2）小组的划分

在划分小组成员的过程中，需要参照学生的综合成绩。把 A、B、C 三个层次的学生分在一个小组，然后每组分入一个英语学科带头人。这样有助于实现小组成员内部互相监督与自治，利用同伴效应使小组合作互动学习更高效。

（3）小组的角色分配

在小组互动活动中，很容易陷入个别组员"搭便车"现象，为确保每一位学生都积极参与到互动过程中来，在课堂一开始，即可明确各组成员的角色分工，组长，纪律委员，记录员，发言代表等，而这些角色又不断轮流转换，促进学生明确自身存在的价值，有利于互动教学活动的顺利开展。

小组构建过程中，课桌椅的摆放也是一门艺术。根据阅读课互动的不同目的，教师应进行不同的课桌椅摆放设计。

互动小组建立后，便可对各小组布置学习任务。在预读阶段便可开展小组互动活动，交流互动课前任务清单，强化学习动机，明确学习目的。一堂阅读课，不仅教师需要有计划，学生也需要有自己的计划，制定各小组任务清单实质上是从细节上培养学生有计划学习的学习态度，学生制定自己的目标，然后去完成它，能帮助学生获得达到目标成功的喜悦，从而从内部强化学生的学习动机。任务清单的互动步骤具体如下。

①小组内制定并完成预习任务。

教师可以给予学生更多的自主性，让各个学习小组通过讨论，自主制定课前预习任务

清单。传统上，预习任务都是由教师布置，研究发现，大部分学生都没有做好课前预习这一部分。将任务的制定放权给学生自己，各个小组制订属于自己的预习计划，内部成员相互监督与合作。

②各小组间任务完成情况交流与互动。

学生之间的互动不仅仅局限于课堂，一旦允许了差异性的存在，就会有竞争意识，各小组之间在课外必定会讨论完善自己的计划。将课前预习任务的制定权力下放给学生，不仅促进了学生之间的交流与合作，更逆转了传统意义上预习形同虚设的现状。当新课的课前铺垫形成学生交流与互动、竞争与合作的良性循环，这在很大程度上会促进课堂上的师生互动、生生互动。

二、阅读阶段的互动教学活动设计

阅读阶段是阅读教学过程中的中心阶段。在该阶段，教师应该引导学生尽可能多地获取文本信息，最终实现培养阅读技巧、提高阅读能力的目的。运用情绪调节策略，变阅读为"悦读"，运用因材施教原则，尊重学生的主体地位，创新互动教学内容设计，转变互动教学方式，运用合作学习策略，开展小组互动式阅读合作学习。

（一）教师视角运用情绪调节策略，变阅读为"悦读"

1. 趣味性"悦读"提问激疑

课堂有效提问，是一门科学，亦是一门艺术。作为英语教师，应该充分掌握课堂提问的技巧。在阅读课上，教师与学生，学生与学生的互动，从教师抛出的一个个问题展开，这是教师智慧的体现。阅读课型，相对于听说课，掌握的重点难点知识更多，学生学习的难度更大，因此，也容易变成枯燥的说教课。如何让阅读课生动有趣，增强其互动性，教师应在提问上增强其科学性与艺术性。首先，在提问类型上，教师应该多倾向于参考性提问，这种类型提问不是学生简简单单 yes 或者 no 就可以回答，而是需要进一步思考，这对于开拓学生的思路，增强互动的有效性有更重要的作用。其次，在提问等待时间上，教师应该留给学生充足的时间思考。以下是课堂观察环节中收集的教学案例，某教师在提出"Let's come to memory challenge. Can you remember these words and pictures?"这一问题后，大概 1~2 秒的时间立即开始这一环节。分析原因，是因为举手的学生较多，教师也就省去了提问后的思考时间。这也是互动课堂容易陷入的误区——教师被学生带着跑。尊重学生主体地位并不等于被学生带着跑，上述案例中的 memory challenge 对于大多数人而言，是需要时间来记忆才可顺利过渡到下一环节，而教师直接跳过，这不利于尊重学生的主体差异性。再者，在回答方式上，教师应引导学生更为积极主动地去参与互动，这样收到的效果更佳。可见，教师的提问艺术很大程度上影响着课堂互动的效果。因此，教师在阅读教学中，应善于提问激疑。

2. 融美育于"悦读"中

此处的美育指引导学生发现英语语言的美，让学生感受到英语阅读学习是一种美的享受，从中获得愉悦的感受。教师在阅读教学中，应乐于向学生传递英语语言的魅力。英语阅读课教学内容的主体美。要努力突破教材抽象内容的局限，教师必须充分挖掘教材中各种美的因素，让学生在丰富多彩的语言美中激发兴趣，将美育孕育于阅读教学的整个过程，才能让学生享受学习的过程，从而增强学生参与到阅读教学互动活动中的兴趣。

例如，在字母的学习中，A 是金字塔，代表"进取"；J 是鱼钩，代表"等待"；Q 是气球，代表"梦想"；S 是曲线，代表"优美"。这是将语言的学习赋予意义。再如，Love me，love my dog. 这是语言中韵律美的体现，阅读本就是与作者在心灵间的交流，引导读者去发现、感受语言的美，从而变阅读为"悦读"。

（二）教师视角运用因材施教原则，尊重学生主体地位

从本书现状调查可发现，互动式教学模式下的初中英语阅读课堂，学生的主体地位还存在没充分体现的地方，或者陷入偏向型互动中去，因此，在教学活动设计中，教师应运用因材施教原则，尊重学生主体地位，具体可从以下几个方面入手。

1. 尊重学生的个性差异

学生由于先天禀赋或者后天环境等因素的影响，存在较大的个体差异性。有些学生表现出来更高的发展可能性和发展需求，这类学生容易引起老师关注。然而还有一大部分同学处于平均层次或者平均以下，他们内心渴望得到关注，却又没有足够的勇气和自信心。因此，在学生成长的过程中，需要教师敏锐地发现学生的优势，因势利导，需要教师从学生实际情况出发，使阅读教学的深度、广度、进度既适合大多数学生的知识水平和接受能力，又尽可能地照顾到每个学生的个性特点，对学生进行个别指导。

2. 教师要及时转变角色，将课堂主动权交给学生

教师的角色很多，其中一个就是引导者，引导学生，尽最大的可能开发学生的潜能。受应试教育的影响，虽然互动式教学模式在英语阅读教学中得到广泛运用，但"教师讲、学生听，教师问、学生答"的模式还是非常常见，这种模式没有将课堂的主动权交给学生。因此，在设计初中英语阅读互动式教学活动时，教师应该做到以下几个方面。

首先，教师要转变教学观念。虽然重视学生主体地位的口号一年比一年响亮，但根据具体实际情况，学生要真正成为课堂的主人、学习的主体，还存在一些差距，这就需要教师转变教学观念，在阅读教学的互动活动中，想尽一切办法，变学生为课堂的主人。

其次，课堂中应该留给学生一定的时间。从本书的现状调查中可发现，由于时间的限

制和升学的压力，不管是师生互动的提问环节，还是生生互动的评价反馈环节，都没有给予学生足够的时间。包括调查中的师生话语量，教师话语量所占时间明显多于学生所占时间这一现状，也反映出学生这一主体地位未能得到充分体现。因此，在阅读课堂中的互动环节，教师应让学生有思考、讨论、练习、总结的时间。

3. 教师视角创新互动教学内容设计，转变互动教学方式

本书讨论的互动式教学模式下初中英语阅读教学活动中存在的问题，包括教师互动教学内容设计不合理，陷入表象型互动，教师互动教学方式过于单一，陷入单向型互动。因此，教师在进行互动式教学活动设计时，应该注意创新互动教学内容设计，转变互动教学方式。

互动教学活动内容的设计上，"动"包含两层含义："动"在教学的重难点处和"动"在新知识的获取处。针对现状调查中，教师互动教学活动内容的设计往往局限于教材，拓展的广度和深度不够，教师可以适度依托教材，拓展课外知识，也拓宽学生视野；针对阅读课上学生互动讨论的话题与教师布置内容无关的现状，教师应该在内容的设计上别出心裁，富有感染力的内容才会让学生感兴趣，乐于参与。

阅读课应该集阅读材料与学生于一体，学生与学生之间，学生与阅读材料之间的互动更为密切，具有很大的开放性，主动性和交互性。整个阅读课并不是以教师为中心，而是呈现出一种网络状结构，教师扮演着指导者的角色，又接受来自学生的反馈，将互动式教学模式更为科学地运用于初中英语阅读教学中，引导学生积极参与到阅读互动中来。

互动教学活动方式的设计上，同样要基于互动教学形式的现状调查，针对阅读课教师采用师生之间的互动形式远远多于其他互动形式的现状，教师在设计互动教学活动时，在形式上应该注重多样性，更多的是把互动的权利留给学生。针对英语阅读课教师采用回答问题的方式多为集体回答和点名回答，教师在设计互动教学活动时，应该注意提问的方式，尽可能多地提出参照性问题，留给学生思考的余地，启发学生。

4. 学生视角运用合作学习策略，开展小组互动式阅读合作学习

不仅仅在阅读前，小组之间、组际之间相互交流、合作扮演着重要角色，在阅读阶段，也具有十分重要的意义。因此，阅读阶段，教师要充分调动各小组主动性，积极参与互动。

（1）小组讨论

这是互动教学的主体，英语学习兴趣小组可由程度各异的 4 名学生组成，各学习兴趣小组选出组长，在阅读课堂上，小组交流可分配 15 分钟左右，对教师所布置的任务，进行交流与讨论。

（2）组际交流

这是互动教学的关键，小组讨论之后，组织学生进行组际交流。教师可派代表发言，汇报讨论的最终结果，其他各组成员随时进行质疑、补充和评价。通过学生之间的互动，学生大胆交流自己的想法，碰撞思想火花，不仅培养了学生团队合作的精神，更让学生积

极主动地获取知识，参与到课堂互动中来。

三、阅读后的互动教学活动设计

阅读后主要是对所学阅读材料的迁移运用，通过多种形式的输出，培养学生的综合语言运用能力。本书基于当前阅读课互动教学中，教师对评价机制的认识不到位，互动内容局限于教材内容等问题，对阅读后的互动教学活动进行了设计。主要从教师和学生两个视角，教师层面上，进行互动评分机制的激励，课外阅读材料的延伸和拓展。学生层面上，进行阅读材料角色扮演。

（一）教师视角课外阅读材料的拓展性同步阅读

阅读能力是一种语言的综合运用能力，课本上的阅读课文是学生学习英语最重要的语言素材，但是阅读的学习只局限于教材上提供的语言材料是远远不够的，这就要求教师拓宽阅读范围，将阅读的视野延伸到课外读物上来，使得英语阅读的学习，基于课本，又高于课本。

课堂观察中，观察到教师在处理教材与课外阅读材料的延伸与拓展时，会精心选择适合初中生又与本节课内容相关的课外阅读材料，进行拓展性同步阅读，对阅读课互动式教学活动设计具有很重要的借鉴意义。

教师应该根据学生的实际需要对课外阅读材料进行精心的选择，在学习完教材上的阅读材料后，将其同步到学生的拓展性阅读训练中，作为延伸和补充，这有利于扩展学生的阅读量，积累更加丰富的语言知识。而在同步训练过程中，设置问题促进学生与新的阅读材料的互动，让他们在互动中轻松而高效地完成课外阅读材料的拓展性同步阅读。

（二）教师视角互动评分机制的激励

在阅读教学过程中，教师可设置合适的互动评分机制，在学生完成相应的阅读任务后，利用评分机制进行鼓励互动评分机制形式可丰富多样，以学习兴趣小组为单位，以大组形式为单位抑或以男女生形式为单位都可以。但在启用互动评分机制鼓励学生时，教师应该注意以下几点。

1.教师要适时给予反馈

由于阅读教学任务较重，或教师经验不足，常会出现评分机制形同虚设的情况，各组评分的差异性并没有很好体现，或教师对出现的差异性没有给予评价和反馈。比如，分两大组进行比赛，当比赛结束后或者本节课教学任务完成时，教师应对比赛的结果做出评价和反馈，可以准备一些小礼物、小奖励给获胜一方。

2. 教师鼓励话语要具体

教师的鼓励话语应该具体。如果鼓励语只是泛泛而谈，则起不到应有的效果，因此，教师只有进一步将反馈语具体化，才能让学生产生被表扬或肯定的感觉，从而起到"强化作用"。比如，当学生积极回答阅读问题时，教师一般会用鼓励语："You did a good job.""Wonderful!"等，尤其那些不爱回答问题的学生积极参与进来的时候，教师为保护其积极性，习惯用非常漂亮的称赞语鼓励，其实，如果教师能试着用如下话语鼓励：

"Very good! Your anser is wonderfill because it reveals the aim of the passage，but I believe that you can do better next time if you can consider yourself."

这样具体有指向性的反馈语既能使学生感受到教师对自己的肯定，又会察觉到自己还可以提高，还可以变得更加优秀。

互动评分机制要发挥作用，教师就要将互动竞赛的模式引入课堂，可以分为大组 group A 和 group B，或者 boys 和 girls。也可以根据学生座位的编排分成四个小组，教师在黑板右方设置一个比赛，如登山比赛，学生每回答对一个问题就往上迈出一个台阶，最后看哪个小组先到达山顶；教师也可设置其他形式的竞赛，但对学生的评价要及时，反馈要中肯。在宣布获胜小组时，基于获胜组表扬的同时也要充分照顾到落败小组成员的情绪。比如，如果 A 组获胜，B 组落败，这时教师可以及时做出评价：

Firstly, congratulation to group A. You did a great job, and I am so proud of you.But group B, never lose your heart. You will win next time. Do you think so?

3. 学生视角阅读材料角色扮演

要培养学生创新能力，又要让学生对阅读材料感兴趣，有动力进行学习，教师就应该将阅读材料转换为学生乐于接受和学习的教学形式，教材上的阅读材料本身缺乏一定的生命力，因此教师要赋予教材以生命力，就应当创造性地使用教材。对于教材上的阅读材料，大都可以根据实际情况改编成适合学生的语料。角色扮演本就可以调动学生学习的兴趣，而基于教材阅读材料的改编进行角色扮演，不仅能提高学生学习兴趣，更能对所学知识点进行巩固，让学生在真实的语境之中获得新知。而且在模拟的各种真实场景中，学生通过彼此之间的交流互动，语言的运用更为自然得体。在阅读教学过程中，教师组织学生对阅读材料进行角色扮演，能引导学生对阅读材料有自己更深的一个把握，更能促进学生之间的有效互动。

（1）凸显学生主体地位，促进学生自主阅读能力提高

在角色扮演中，学生可对所学知识进行重新组合，对教材进行加工处理，学习成了学习者自身的事情，学习者也完全成了学习的中心。在阅读教学中，进行角色扮演就需要学生对课本知识有比较扎实的研读，熟练掌握短文的情节、脉络，才可呈现出一场精彩的角

色扮演。在这一环节中，学生是"演员"，要成为一名优秀的"演员"，前期工作就需要学生去付出，这能使学生努力去钻研课本，这对促进学生对阅读的理解以及各方面能力的提升有重要作用。

（2）发展学生批判性思维，促进对学生阅读内容的思考

传统模式下的学生缺乏一定的批判性思维，不敢挑战书本和权威。而角色扮演对书本知识的改编，让学生基于课本，又融入自身思想，还要考虑环境、同伴等多方面因素，这能较好地培养学生批判性思维能力。此外，对学生而言，角色扮演是一个语言组合过程，对角色的设计要求学生熟悉文章的内容、情节以及人物形象特征等，这是一个构思的过程，也是一个创造的过程。角色扮演在互动教学过程中有着重要的作用，阅读后是对阅读材料的进一步巩固学习阶段，将课本上知识变成表演动作，充分调动起学生学习的兴趣，学生的热情也高涨，促进了学生对阅读材料的掌握。

初中英语阅读课堂互动式教学，有几个明显的特征。

①阅读课堂互动目的明确。

在阅读课初始阶段，学生通过小组合作完成任务清单，于学生，弄清楚本节课要学习的内容和要解决的问题，进而强化参与互动活动的目的性；于教师，在小组完成任务清单之际，可以花几分钟理一下思路，以最积极饱满的状态开始本节阅读课教学。

②学生主体地位得到很好体现。

在阅读教学过程中，教师充分尊重学生的主体地位，比如，先自主完成学习任务后小组讨论的课堂活动设计，再如，小组成员核对答案等，都变学生为学习的主人。

③互动内容设计合理。

在内容设计上，基于阅读课本，又高于课本，教师赋予了课本思想性，比如将阅读文本改写为表格形式，角色扮演中对阅读文本中角色把握等，都比较合适且具有新意，对学生的开拓性思维起引领作用。

④互动方式丰富多样。

本节阅读课不仅有师生互动、小组内部互动，还有组际互动、师组互动以及全班性的互动等。

⑤互动评价及时且具有新意。

对本节课表现优秀的学生，教师给予了鼓励和表扬，可以看出，在进行评价时，教师的表情神态都将这种情感溢于言表，让学生真正能在活动中收获到积极的情绪体验。

⑥学生参与的积极性较高。

从互动活动中学生的参与度来看，本节阅读课属于一堂较成功的互动教学课，学生参与面较广，课堂气氛很好。

第三节　听说课多模态活动设计

一、活动设计前准备

（一）初中英语听说教学目标分析

英语教学的总目标由 5 个方面构成，其中包括语言的技能、知识和学习中的策略、语言附带的文化意识以及情感态度。在这一总目标的细化下确定了对应一到九年级的分级目标。在初中学习结束时学生应达到要求中的五级目标。五级目标对听力部分要求可以从听力内容和听力技能两个部分来看。首先，内容方面涉及日常话题和故事等是要求学习者能听懂并理解基本的逻辑因果关系。其次，技能方面涉及语音语调等能帮助理解或推测大意的因素是学习者需要掌握的部分。此外，简单的信息记录也是初中生应掌握的学习技能之一。

在口语方面，五级目标的要求可以从三个角度去解读。首先是教学内容，该目标要求学习者能够根据简单的话题提供相应的信息并做出简单的回答，能够在日常生活中询问信息或请求帮助。能够在情景中进行简单的对话，开展英语短剧。其次在发音方面，该目标要求学习者能够自然地发音，恰当地使用语调进行交流。最后在学习策略方面，该目标要求学习者在交流时能够自主发现并纠正错误，同时能与他人顺利地开展口语合作。

综上所述，初中英语阶段的听说教学目标强调英语综合能力的培养，主要体现在学习策略的培养，让学生在交际中能独立地开展简单的对话活动，将语言学习运用到实际的生活交流之中，体现出语言的交际性和工具性。

（二）初中英语听说课教学内容分析

教学内容是教学过程中为实现教育目的而作用于教学过程中教师和学生教学的信息或者材料，当下主要依托于教材这一载体。当前初中英语教材版本颇多，有人教版、外研版、仁爱版等。但人教版由于其灵活性、开放性、趣味性和包容性的特点，在初中英语的教学中是大部分地区的首选教材。

纵观 2013 年出版的人教版五本初中英语教材，不难发现都配有大量的插图。这些插图包括照片、漫画、地图、图标等。大量插图的出现增强了教材的可理解性和生动性。在这一系列教材中，听力和口语方面的教学内容主要强调学生实践能力的培养。在听力方面，每个单元会根据单元的话题设置相应的听力训练。在训练的过程中配有相应的习题，比如选择题、填空题和问答题。通过训练学生能够掌握相应的听力技巧。在口语方面，说的内容一般是和听的情况紧密结合在一起的。在每一个单元都设计了大量的口语训练，比如 pair-work、group work、discussion、debate、dialogue。说的内容大多以任务为主，在活动中展开并进行。

总的来说，听力和口语的内容都是由简到难、层层递进的。从教材结构来看，人教版教材以话题分割单元，每单元由 A、B 两部分组成。A 部分主要涉及基础的语言知识，包括词汇和短语甚至句型。B 部分为语言扩展部分，更注重综合能力的培养。在这两部分中，听力和口语的内容往往是交互出现的。教材中一般是先呈现与话题相关的单词和句型，然后进行大量的听力输入，最后通过控制型、半控制型和开放型练习进行口语输出。

二、活动设计原则

根据对学生综合能力发展的要求和交际法以学生为主体的教学特点，初中英语听说课活动设计需要遵循学生主体这一总原则。在活动设计的过程中需要充分考虑学生的身心发展特点和个体差异，具体情况具体设计。在以学生为主体这一总原则下，根据听说课程的特点和能力培养的需要延伸出可理解性、交际性、实用性、趣味性四项具体的活动设计原则。

（一）可理解性原则

听说活动设计的可理解性是活动设计的关键，输入、输出指出语言的可理解性输入和有效的输出是语言学习中必不可少的因素，关乎着最终的语言学习效果。在活动设计过程中需要充分了解学生现有语言水平，给学生提供能够理解的材料，此材料既高于学生现有语言水平又能帮助学生通过学习和努力达到预期水平。通过语境和多种信息的帮助实现对输入内容的掌握最终达到同等质量的可理解性输出，以此来检验听说学习成效。

（二）交际性原则

交际性作为语言最显著的属性，在听说教学中有着极高的地位。语言的输入与输出得到了格外的关注，交际性是听说教学中的必然目标，学生的交际能力以及语言的综合运用能力都有赖于听说教学的培养。因此，在交际法的指导下，听说活动要给学生提供真实的、可交际的语境。学生在参与活动的过程中必须实现信息的交流，比如可以利用信息差进行活动设计，这样不仅能够吸引学生注意也能够实现听说教学的目标。

（三）实用性原则

教学活动的存在是为了传达教学内容实现教学目标，活动设计应该兼顾各方面条件与需求，从实用的角度出发。活动设计时需考虑可操作性问题，如所设计的活动是否能在当前教学环节进行开展？教学设备是否支持？是否利于学生参与？活动设计的范围很广，但一切都需要结合实际情况进行考虑，不能纸上谈兵，所设计的活动都应具备实际操作的可能性。在活动设计时还需要考虑活动结果是否具有可检测性，在活动后教师和学生能否进行学习成果的评价和检验，该活动能否帮助学生提高听说能力等问题。

（四）趣味性原则

设计活动的目的是提高听说课的教学效果，给学生的听说学习提供更多练习的机会，促进学生相应能力的发展。因此，活动的趣味性是不可忽视的。只有在学生积极参与高度配合的情况下才能够实现上述活动设计的目的。学生学习的积极性在很大程度上能够趣味性调动从而推动活动的发展。在活动设计过程中可以采用活动导向教学模式，结合各种教学方法，增添活动的趣味性。

三、活动设计流程

（一）教学模式选择

教学内容充分利用依赖于教学程序，而教学程序的选择又受教学模式影响。四种常见的教学模式有 PWP、PPP、任务型和探究式。首先是 PWP 教学模式，这种教学模式在阅读、听力乃至口语教学中都是比较常见的。主体分为三个步骤，Pre-，While-，Post-。这样的教学步骤符合大脑处理信息的过程。在准备阶段可以进行语言知识输入包括词汇、短语或句型，也可以进行相关背景知识的输入以此去激活学生的图式储备。在练习过程中可以进行相关技能的训练，这也是该模式的核心部分，对于学生听说学习策略的培养有一定帮助。在听说后，主要侧重于对信息的处理和运用。重在检测学习效果和训练学生的语言综合运用能力。

在 PPP 教学模式中，主要有三个核心步骤：Presentation，Practice，Production。在实际的教学过程中该模式可扩展为五个步骤，即 Preparation，Presentation，Practice，Production 和 Progress。这是一个兼具控制型活动和开放型活动的教学模式。在听说课上 Presentation 的内容一般是词汇或者句型。在掌握基本的知识后学生会进行一些控制型的听力练习，如排序、填空、选择等。在 Production 部分学生可以进行一些开放型的练习，如角色扮演、小组讨论、采访等。

任务型教学模式强调在任务中学习。该模式分为 Pre-task，While-task，Post-task 三个步骤。在 Pre-task 阶段，需要进行任务导入、语言准备、图式准备。While-task 主要是学生采用各种办法和策略去完成任务。Post-task 阶段需要对学生的任务过程进行评价，包括但不限于语言知识、技能和策略的使用情况评价。该模式更能提升学生的学习策略，在做中学也符合交际教学所提倡的思想。

探究式教学是以问题为导向，仿照科学研究的步骤，在学习新的知识时给学生提供引导性的问题，让其进行自主探究并得出结论的教学模式。常见的步骤有问题提出、探究研究方案、收集和处理信息、呈现解决方式、评价等。该教学模式应用性较强，对于教学内容有一定的局限性，所以在实际的教学过程中应用并不如前几种模式广泛。但是这种问题探究式模式，有利于培养学生问题解决、合作探究的能力。在合适的教学内容下仍具有使用意义。

以上是比较常见的四种教学模式，在实际的教学过程中还有许多模式等待着我们去探究。对于教学模式的选择需要考虑到多方面的因素，教师自身的兴趣偏好和经验，学生的学习情况以及身心特点，教学环境和教学内容的情况等都是需要考虑的因素。在当前初中英语听说课教学中比较常用的模式是 PWP 和 PPP 这两种，当然任务型教学模式的使用频率也在逐步地增加。在实际教学模式的选择中一定要结合多方面因素考虑，不要生搬硬套。

（二）教学方法选择

教学模式决定着教学的方法，不同模式需要不同的教学方法去支撑完成。一个完整的教学模式中可以使用一种教学方法去完成，也可以由几种教学方法去支撑不同的教学环节最终共同完成教学。教学方法的选择也和教学程序的选择一样，需要多方面考量。简言之，教学方法的选择需要灵活处理，因教师、学生、教材、环境而定。下面就常见的两种听说教学模式来展开说明听说课中常用的教学方法。

在 PWP 模式中，Pre- 阶段是学习准备环节，在这一环节常见的活动有复习、导入等。情景法（SLT）、听说法（ALM）、直接法（DM）是比较常用的教学方法，此类方法具有直观性、趣味性等特点，能快速导入课程，激发学生已有图式。在 Whill- 环节主要是听说能力的训练，在这一环节中听说法（ALM）、任务型教学法（TBLT）、情景法（SLT）和交际法（CLT）是比较常见的教学方法。强调综合能力发展的教学法能够给学生的学习提供适当的语境，多样的任务和情景能促进学生听说能力的发展。在 Post- 阶段，主要进行评价和知识的综合应用。这个环节多以任务型教学法（TBLT）开展，比如通过辩论、采访、英语短剧的方式进行语言的综合训练。

在 PPP 模式中，Presentation 环节主要采用语法翻译法（GTM）、情景法（SLT）、全身反应法（TPR）等进行词汇、短语、句型的呈现。在 Practice 的过程中以控制型练习为主，听说法（ALM）、语法翻译法（CTM）和直接法（DM）是比较常见的教学方法，此类方法有利于学生对于目标知识点的反复操练，以此达到掌握和巩固知识的目的。Production 环节主要是引导学生应用所学的知识，进行半控制或开放型的练习。比较常见的教学方法有情景法（SLT）、任务型教学法（TBLT）以及合作学习语言法（CLL）。

教无定法，教学方法的选择要遵循最优原则，最适合自己堂课的方法才是最好的方法。综上所述，听说课常用的教学方法具有真实性、交际性和多样性的特点。

（三）教学模态选择

在探讨多模态教学研究时，把相关模态分为五个部分：语言模态、身势模态、视觉模态、听觉模态和空间模态。在探讨多模态时，从感官的角度出发把交际模态划分为与视、听、嗅、味、触这五种重要的感知通道相对应的五种模态。从定义的角度来看，模态主要指进行沟通的途径和媒介。从语言的角度出发，语言本身就是一种社会符号所以模态可以划分为语言模态和非语言模态。

在实际的听说教学中，语言模态是必不可少的，但非语言模态也常参与到实际的教学之中，比如教师的肢体语言、教学设备等。其次，听说活动中最常见的模态是听觉模态和视觉模态，比如视频、音乐、图片等。但在一些特定的教学内容下触觉模态、味觉模态和嗅觉模态也可以参与教学。由于模态的选择受到教学环境、内容、程序和方法等多种因素的影响，所以最优化选择的总原则指出模态的选择需兼顾多方因素，同时遵循总原则下的有效、经济和适配原则，选择兼具经济效益和教学效率的模态，以此达到最佳教学效果。

结合听说课教学目标和内容以及其重视听说训练的特点，在模态选择的时候应该优先考虑听觉模态和视觉模态的设计，再根据具体的教学情况辅以其他模态以此达到提升学生听说能力、培养听说技能的目标。需要注意的是，在模态的选择过程中要厘清不同模态之间的特征以及在交际中的作用。在模态的搭配过程中需要注意模态之间的关系，思考不同模态之间的搭配能否起到强化作用或积极效果。

四、多模态听说教学活动设计

前文已阐述了活动设计的准备工作、原则和流程，在本小节主要就多模态听说教学活动的设计进行详细的分析。根据调查结果和当前听说课教学的现状在此选用 PPP 教学程序的主要环节即导入、呈现、练习和产出分点进行活动设计。

（一）多模态导入活动

导入活动是一堂课的开始环节，是师生和教材重要的纽带。良好的开端是教学取得成果的宝典。一个成功的导入可以快速地聚焦学生的思想为后续内容打好基础。因此，趣味性、启发性、简洁性是导入活动的代名词。结合导入活动的特点、目的，多模态的导入活动可以使用 ALM、CLT、TBLT、TPR 和 SLT 等教学方法进行教学。

ALM、CLT、SLT 会涉及视觉模态和听觉模态。这两个模态的组合可以更加直观地传递信息、聚焦学生思想如视频赏析、照片分享、教具展示、主题谈话、猜谜语、讲故事、主题问答、引导学生现象观察、情景创设等。视觉模态和听觉模态是教学中常使用的模态，学生对于这些模态下的活动都很熟悉且有很大的兴趣，在实际的教学过程中易于开展。

TBLT、TPR 也涉及视觉模态和听觉模态，但在一些情况下也可以涉及触觉模态。特别是全身反应法，该方法在活动设计中通常会涉及一些触觉方面的活动。比如，在学习 Where is my schoolbag？这一节听说课时，教师可以运用教室这个真实的环境引导学生去找学习用品。或者是运用游戏进行导入，这些游戏可以是传话筒、击鼓传花等，此类活动参与性强，学生的注意力可以快速地集中在教学内容上，但是该活动对于教师的课堂组织和管理能力有一定的要求。

导入活动并不只是局限于上述的五种教学方法，因此对于模态的运用也不能只局限于上述几种模态。在不同的教学内容面前多样的模态搭配会激发出不一样的火花，达到更高的教学效果。比如，在学习与味道相关的话题时，嗅觉模态就会发挥很大的作用，再搭配听觉模态、视觉模态甚至是触觉模态，那么就会达到良好的教学效果。

（二）多模态呈现活动

呈现环节是一堂课的基础也是关键，是听说课输入的重要环节。一般听说课呈现的内容有单词、句型或是听力音频。呈现可以是自下而上的也可以是自上而下的。听说活动一般是听在先说在后。教育工作者普遍认为，只有在大量的可理解性语言输入的基础上才能够实现学生从听到说的转化。通常在听之前会进行相关语言知识的铺垫，为后续的听力输入和口语输出搭建一定的桥梁。此外，根据听说话题和材料的难易程度，在某些听说课上也会呈现相关的背景文化知识，以此去激活学生的已有图式，降低听说难度。最后，也会进行相关听力策略的讲解，以此去培养学生的听说能力。基于以上呈现的要点常用的教学方法有 DM、ALM、GTM 等。

以上几种方法都会涉及听觉模态和视觉模态，只是在不同的教学方法中模态搭配的主次、顺序有所不同。比如，GTM 会直接呈现相关的词汇或句型，在呈现的过程中可以运用图片等辅助讲解，这就是以视觉模态辅助听觉模态的情况。

在听力活动开始前进行的相关语言知识铺垫，通过图片、字体颜色和大小的区别去促进学生视觉模态的学习。同时运用讲解刺激学生的听觉模态，为后续的听力活动做好准备。此外，若采用 SLT 进行呈现那么必然会用到视觉模态和听觉模态，由于情景的场景性特点，在这样的活动中视觉模态就会占领主要地位。如在学习家庭成员关系和询问方式这一课就可以通过创设家庭情景，介绍某一位人物的家庭成员。呈现活动是多种多样的，以上的多模态听说呈现活动只是极少数的几个案例，在教学过程中不妨拓宽思路将教材进行整合，结合课内外资源，进行多样的模态搭配，促进听说呈现活动的多样性，提高呈现环节的教学效果。

（三）多模态练习活动

练习活动主要穿插在听力输入和口语输出的过程之中，这些练习以控制性的训练为主，比如排序、填空、选择等。人教版初中英语教材的听力输入部分一般会设计两到三个活动，这些活动具有很强的话题性和内部逻辑，在难度上往往是层层递进的。可以看出是从音到义如听音看图，再由义到音如指图发音这样一个输入到输出相互转化的过程。该环节可采用的教学方法众多，以练习和操练为主要教学目的，例如听说法。

主要涉及的模态有听觉模态、视觉模态。在这个过程中也有可能会涉及一些伴语言和非语言的模态。如音响设备的使用、图片的大小、文字的颜色、教师和学生的肢体语言等。可以设计听音找物、听音并结合图片完成对话、听音连线等。

（四）多模态产出活动

产出活动的形式更具有灵活性，主要是引导学生将所学知识进行综合运用，并以此检验学生相关语言知识的掌握情况。TBLT、多元智能法（ML）、TPR、合作学习法都可以在这个环节去开展。视觉模态、听觉模态、触觉模态以及各种伴语言和非语言的模态都可能出现。常见的活动有角色扮演、英语短剧、辩论、汇报等。如果是按照活动导向性教学模式进行的任务安排的话一定要了解任务、处理信息、制订计划、展开决策、开始实施、过程查验、结果评价这几个环节。以下是一个以天气汇报为主题的产出活动，学生在掌握天气相关的语言知识并进行大量的语音输入和口语练习后，仿照所练习的句型自选一个城市进行天气汇报。在活动开始前会给出一个视频范例供学生参考。这个活动主要涉及的是听觉模态、视觉模态、非语言中的身势模态。

多模态产出活动更多是为了检测学生听说课的掌握情况，对学生所学知识进行拓展和提高。在活动后需要进行及时的反馈，对活动中展现的问题要及时解决。听说学习的法宝就是多听多练，只有引导学生主动开口练习才能够在听说能力上有所发展。以上活动是为了给学生提供更多、更高效的练习途径，解决当前初中英语听说练习时长不足的问题。这些都是从外部因素去引导学生学习，最终还是需要引导学生将外部动机转化为内部动机，这样的听说学习才能够达到更理想的效果。

第六章 初中英语课堂管理

第一节 课堂目标管理

一、对课堂管理失控的分析

课堂管理失控，是指在课堂教学中，由于教师主观因素的影响，使教学机制不能正常运行，导致课堂教学不能达到预期的目标。对课堂管理失控的分析，主要包含以下两个方面的内容。

（一）课堂失控的类型

1. 度与量的失控

度的失控，是指教师在课堂教学要求的程度，即教学速度和训练强度方面，引起的教学不足。有时，因教师教学速度太快或太慢，训练的强度太大或太小，使学生无法承受或太轻松，导致学生掌握新知识不扎实，囫囵吞枣，而不能完成教学目标。为了避免度的失控，教师在教学中，导入新课要快，讲授新课稍慢。在巩固练习的训练阶段，其训练的强度既要能达到符合学生认知规律所能承受的程度，又要不至于过分超重，根据信息及时反馈的原则，使课堂教学得到有效的控制。

量的失控，是指教师在安排课堂教学内容的数量和质量方面，引起的教学不足。在教学中，有时会因教师对教学内容数量安排的密度过大或过小、课堂活动的难度太大或太容易解答，使学生无法解答或感到乏味。这些因素的存在，都会影响正常教学。为了避免量的失控，在备课时，教师要根据本课内容，认真钻研教材，抓住重难点，紧扣教学目标要求，在合理设计教学结构和选择最佳教法的同时，考虑学生的实际情况，考虑教学内容的数量密度适中，使课堂活动设计有层次和有梯度，使不同层次的学生都有所提升。

2. 教法的失控

教法的失控，是指教师在课堂教学中，由于教育教学方法方面的原因，影响到教学的正常运行。在教学中，有时会因个别学生违纪、教师教育方法不当，使学生产生消极对抗的情绪，师生矛盾阻碍教学；有时会因教学方法不当，使得学生对新知识掌握不熟；有时会因课堂活动时间过长，影响巩固练习；有时会因课堂讲授单调，使学生厌学等。这些因素都会对教学的正常进行产生不良的影响。

为了避免教法的失控，在教学中一旦遇到违纪现象，教师要根据实际情况，及时简洁地对学生进行正面教育。更多时候，需要教师进行冷处理，即课后解决，以避免教育学生时间过长或师生矛盾激化影响教学。教学设计要真正体现"一切为了学生"的原则，通过先进的教学手段、新颖灵活的课堂形式和多媒体辅助教学的教学形式，使课堂教学丰富多彩。

3. 情绪的失控

情绪的失控，是指教师在调控课堂教学情景方面的因素出现的教学"失态"。在教学中，有时会因教师教法单调、枯燥，缺乏教学艺术、技巧，使学生情绪低沉；有时会因教师课前心情不佳，影响教学气氛，使学生情绪受到极大的压抑，在伴随着"疾风暴雨"随时而来的特定环境中，提心吊胆地度过这"漫长"的一节课；更多时候，是因为个别学生出现问题，对教师上课心情产生影响，进而造成教师情绪失控。

为了避免情绪的失控，在教学中，教师应有意识地发挥学生非智力因素的潜在功能，让学生口、脑、手等多种感官参与学习，捕捉学生一闪即逝的闪光点或某种良好的学习习惯，并给予及时的鼓励，最大限度地激发学生的求知欲望，使学生始终心情愉快、精神饱满，力争达到教师情绪高涨、学生兴趣盎然、师生情感交融的佳境。

4. 知识的失控

知识的失控，是指教师在传授知识的失误方面的因素，引起的教学"脱轨"。在教学中，教师对教学信息加工、处理的失误和教学演示及操作的失误，将会导致课堂教学的严重失控。这类失控，对教学的危害极大，后果严重。究其原因，主要是教师对教材理解不透，课前准备不充分导致。为了避免知识的失控，教师在课前准备时，要吃透教材，注意教材内容同化与建构之间的联系，全面掌握教学教材知识的纵横结构，形成知识网络，真正理解每节课内容的内涵和外延，做到横有广度、纵有深度、成竹在胸，在教学中运用自如、不乱方寸，能驾驭教学。在课前，教师必须熟练掌握要讲授的知识，切不可似懂非懂，全凭临场发挥。教师要真正做到讲授知识准确，教学演示及操作正确熟练。只有这样，教学效果才能最佳。

（二）从课堂管理失控看课堂管理目标

课堂失控类型，既有教师教学中度与量的失控，又有教师教学方法、处理课堂问题行为时情绪的失控。通过对课堂失控类型的分析，我们可以看出，导致教学失控的因素是多方面的，比如，由于教学抓不住重难点而导致的度与量的失控；由于教学经验不足、备课不充分而导致的知识的失控；由于教师的应变能力不强，使其对教学中节外生枝的课堂问题行为束手无策等。其关键因素，是任课教师对课堂管理目标认识的混乱。

目标管理，是现代管理理论中的一项重要内容。其基本理论，是把组织的目的和任务转化为目标，积极创造条件，使个人的目标与组织及其成员进行管理，进而实现管理与被管理者同心协力的全员管理。在课堂教学中，教师与学生、个人与组织融为一体的教学形式，是有目标和有任务的教学活动，它具有目标管理的条件，可以实行课堂目标管理。

目标具有指向作用。在每堂课中，教师要使学生有所得。一堂课有了具体的目标，就等于师生明确了主攻方向，师生就会统一意志、统一步调，教学任务才能完成。此外，目标还具有标准作用，可以用来对质量进行评价和调控。课堂教学效果到底如何，最后要以目标作为检验成效大小、差距多少和质量高低的标准尺度，可见，目标不仅是一堂课的出发点，而且是判断教与学的结果、检验教学成效的标尺。在质量管理过程中，课堂教学的控制是重要的一环。要想达到预定目标，必须明确如何确定课堂教学的目标。只有这样，才能实行更有效的控制。为了预防和减少课堂管理失控现象的出现，任课教师必须明确课堂管理目标，不断提高课堂管理技巧，加强自身在教学中的应变能力的培养。

二、课堂目标管理

课堂管理失控，会给教学带来严重影响，进一步影响课堂管理目标的实现。实际上，在不少情况下，正是由于教师对课堂管理目标认识的混乱，导致课堂管理的失控。因此，明确课堂管理目标，有利于预防和减少课堂管理失控的出现。一般认为，课堂管理是为了建立课堂秩序。其实，课堂管理秩序本身并不是课堂管理的目标。只是为了使学生保持安静和有序而进行的课堂管理，是极其错误的。那么，为什么我们要这么重视课堂管理呢？课堂管理的目标，主要有以下三个方面。

（一）争取更多的时间用于学习

课堂管理的一个重要的目标，是尽量争取时间用于学习。毫无疑问，学生花费的学习时间越多，学习成绩越好。当然，学习的时间资源并不是无限的。一学年有多长，一学期有多少周，一周有多少天，一天有多少时间，有多少课堂时间用于教学，多少时间用于自习，多少时间用于午休、课间操和打扫卫生等，学校都事先做出了明文规定和安排，教师不得随意改动。教师要在规定的教学时间内，在课堂上为学生争取更多的学习时间。第一，分配时间，就是教师为课程设计的时间。课时，一般是由学校教务部门根据课程标准和学校实际情况规定的。第二，教学时间，是在一节课内完成常规管理以及管理任务，如记考勤、处理课堂行为问题等之外用于教学的时间。第三，投入时间，也称为专注于功课的时间，属于教学时间，是学生实际上积极投入学习或专注于学习的时间。第四，学业学习时间，属于投入时间，是指学生以高度的成功率完成学业功课花费的时间。

对于一些学生来说，学业学习时间大大少于分配时间。许多研究表明，学生课堂学习时间的质量，如投入时间和学业学习时间，与他们的成绩呈明显的正相关。为学生争取更多学习时间的真正含义，就是使学生投入有价值的学习活动，从而提高所用时间的质量。争取更多的时间用于学习，既可以通过直接的方法，又可以通过间接的方法来实现。既然争取时间是课堂管理的首要目标，那么课堂管理的所有措施都可以看作争取学习时间的间接方法。而直接方法，则与争取时间直接有关。当然，这些方法也实现了课堂管理的其他目标。至于分配时间，是课表上安排的，很难改变，没有什么方法可言。

从前面定义中我们可以看出，分配时间是指全班学生参加学习的机会；而投入时间是每个学生实际上花费在学习功课上的时间，它取决于学生对功课的注意和意愿。课堂自习，为学生提供了一个最好的个别辅导的机会，但教师不要在个别学生上花费的时间太长，和学生的交流应当尽可能简短。否则，班上的其他学生就可能敷衍了事或者陷入难题之中。学生对课堂自习的投入，与提供功课的多样性和挑战性有关。如果教师只是为了不让学生空闲而布置作业，学生会抵触这个作业。如果教师想让学生长时间认真做作业，这个作业就应当难度水平合适，并且要有趣和多样化。当然，作业不能太难，要让学生能在完成作业中体验到高度的成功感。教师要在挑战性水平和成功可能性之间进行平衡，否则，作业虽富于挑战性和多样性但成功率低，学生也是不会好好学习的。值得注意的是，在争取更多参与学习时间时，要防止"假参与"的倾向，即不从教学需要出发，而是为了参与而过分强调参与，反而会妨碍学习。如果一味地追求较高水平的专注功课的时间而避免复杂的或不稳定的任务，这种教学策略显然是不好的。维持课堂秩序，虽然是"教"的一个很重要的目标，但是它只是众多目标中的一个。

（二）争取更多的学生投入学习

每一个课堂活动，都有其自己的参与规则。对于这些参与规则，有些教师会做出明确的表述，但有些教师不会做出明确的表述。教师和学生都没意识到，他们在不同的活动中要遵守不同的规则。这种差异，往往是极其细微的。例如，在有些课上，学生要想回答问题，首先要举手；而在有些课上，则不需要举手，只要看教师行事就行。这种规定，通常被称为参与结构。它规定，学生要成功地参与某一个活动，就必须理解参与结构。在学校中，有些学生比其他学生的参与性要好。众所周知，学生在家中与家人之间的交往也有一个参与结构，有些学生家中的参与结构和学校活动的参与结构不一致。例如，在有些学生的家中，家人在谈话时，每个家庭成员都可以随时插嘴。然而，在学校的交流中，这会被看作打断别人的谈话。因此，为了使全体学生都顺利投入学习活动，教师一定要确保每个人都知道如何参与每一个具体的活动，使他们知道这个活动的参与结构。

（三）帮助学生自我管理

任何管理系统的一个目标，应当是帮助学生能很好地管理自己。当然，鼓励学生自我管理，可能需要额外的时间。教学生如何对自己负责，可能不如教师自己关照所有事情的效率那么高，但是这种努力投资是值得的。那么，如何让学生对自己的课堂行为进行自我管理呢？首先，让学生更多地投入课堂规则的制定；其次，用较多的时间要求学生反思需要某些规则的原因，以及他们不良行为的原因；再次，应当给学生机会考虑他们将怎么计划、监视和调节自己的行为；最后，让学生回顾一下课堂规则，提一些必要的修改建议。学生对课堂事件有着不同的解释。因此，任何管理体系，都一定要针对不同的学生做出适当的修改。例如，有些学生需要教师对他们不专心学习提供较多的信号和警示。当然，如果教师承担了所有的诸如此类的管理责任，那么学生就不可能学会自我调控和自我控制。

新课程呼唤充满生命活力的课堂，它要求教师明确课堂管理的目标，为学生提供顺利成长与发展的土壤，使教学成为以"学生个性发展"为中心的育人行为，使课堂充满学生情感、智慧和人格成长的阳光雨露，让课堂成为师生生命的绿洲。

第二节　课堂环境管理

课堂环境，可以分为物理环境和心理环境。物理环境，是指教室的布置和课堂座位的调整；心理环境，是指课堂规范以及和谐的课堂氛围。

一、课堂物理环境

（一）教室的布置

环境，具有潜移默化的功能。布置一个恰当的英语环境，有利于学生的英语学习，可以提高学生的英语学习兴趣，直接增进学习效果。当然，教室的布置还应考虑到其他学科的教学，随时充实内容、改变形式，以提高学生的学习兴趣和教学效果。

1. 教室布置的内容要素

教室布置的内容要素，主要包含五个方面：一是课桌椅的排列；二是班徽和班训等；三是英语墙报和手抄报；四是图书柜和报纸夹；五是班级英语网络日志。

2. 教室布置的方法

教室布置，不应是为了布置而布置，而应是为了配合学生学习的需要。所以教室的布置，要发挥出学习效果。第一，事先计划。由师生共同参与全学期各个单元布置内容和预定进度的讨论和决定。第二，分组进行。师生在确定布置的形式之后，将全班分成若干组，每组选一个组长，策划该组的布置工作。在布置之前，先将布置构想及所需材料，向教师做书面或口头说明。第三，从旁指导。每组在拟定布置内容和选用材料之前，教师应先向学生稍加提示，使其布置内容规范、设计合理。第四，材料来源。教学单元的布置，应以实物、模型或图片为主。对于不容易收集的资料，可以由全班学生共同收集，甚至通过家长或社会资源的协助来完成。第五，定期更换布置或不定期更换布置。

（二）课堂座位的调整

课堂座位，对学生的课堂行为有较大的影响。坐在前排的学生，往往听得最专心。座位靠前的学生，往往认为自己更受教师的喜爱，因而更多地参与学习。教师在给学生分配座位时，主要关心的是减少课堂混乱，他们总是试图把爱吵闹的学生分开，让爱吵闹的学生坐在前排，坐到讲台前。这当然有利于教师对其违纪行为的调控，但应使每一个学习小组好、中、差搭配，不同小组内大致平衡，即"组内异质，组间同质"。这样，既有利于小组内生生之间的互相帮助，开展合作学习，又有利于小组间展开公平、合理的竞赛。让文静、内向的学生与活跃、外向的学生坐在一起，能促进学生性格的互补。

个别教师在教室最后一排的角落，设置了调皮学生的"专座"。这样，极易让学生产生逆反心理，造成师生之间的对立，是不可取的。学生的座位不应该是固定不变的，教师应适时改变学生的座位。这样，不仅可以促进学生课内交往范围的扩大，有利于维持课堂纪律，促使学生更多地参与课堂学习，而且对学生的视力有好处。在教学管理中，重视教室的布置，是教学管理的第一步。教室，是一种教育的环境。学校教学应具有陶冶作用，透过良好的规划、设计和布置造成的气氛感染，而产生启示效果，也是课堂教学管理中的一项重要内容。

二、课堂心理环境

（一）课堂规范

1. 课堂规范制定指南

第一，规则尽可能由课堂成员讨论而成；第二，规则按其重要性排列；第三，规则控制在十项以内；第四，规则应正面陈述，简明扼要；第五，规则要始终一贯呈现；第六，注重对规则实施的检查。

2. 处理好教学中的"活"与课堂规范的关系

第一，正确认识，弄清课堂上的"活"与课堂常规的统一。课堂规则的主要内容，是培养学生具有良好的学习习惯。教师在课堂规则的管理上，要做到"管而不死，活而不乱"。对学生"活"的内涵，教师必须有正确的认识："活"不等于不要课堂规则，它不是指"乱哄哄"，表面上的"热闹"，而是指在课堂上学生对学习内容的兴趣和学生在课堂参与的投入程度，以及学生能主动探索、专注倾听、积极交流和勤于动手等。其实质，也正是学生的学习习惯及课堂常规内容，学生的活跃就应该在这里体现。在课堂中，教师必须充分尊重学生，讲究教学民主，为学生营造一种轻松、和谐的氛围。师生亲密无间的课堂气氛，能让学生学得生动活泼，轻松愉悦。但要做到活而不乱、动而不滥、乐而不散，教师就要把学生良好学习习惯的培养，作为每节课教学的内容之一，贯穿渗透于学习活动之中，贯穿于长期的教育教学活动中，使课堂教学呈现出平等、宽松、和谐和欢乐的学习氛围。

第二，把握尺度，课堂上的"活跃"是有前提的。新课程改革特别强调，教师和学生之间的互动、学生与学生之间的互动，以及学生的自主、参与、合作的学习方法。当前，大多数班级人数在 40 ~ 60 人的范围内。这么多的人互动，很少能真正起到自主、参与、合作学习的作用，大多数都是表面热热闹闹，其实连教学目标都没有完成的"假互动"。而有些"活"的教学方法，是要在真正的小班中才能进行的。教师要根据自己班级的实际情况，进行"放"与"管"。只有这样，才能让学生真正"活"起来。

3. 课堂规范与惩戒

学生是教师的上帝，骂不得，更碰不得。教师稍给学生一点"颜色"，就会遭到如体罚、变相体罚、损伤学生心理等言论的攻击，导致当前出现了教师在教育学生时变得畏畏缩缩。表扬，固然能够对孩子的教育起到很好的作用，但是未必人人有效。教育学上有一条古老的原则——"因材施教"，即针对不同的学生，应有不同的教育方法。其实，表扬与惩罚，都是一种教育的手段，本身没有优劣之分。教师在对学生进行赏识教育的同时，惩罚教育也是一种不可或缺的教育手段。惩罚教育不是体罚教育，如果教师能够恰当地发挥它的作用，对学生产生的教育效果将更加完美，教师的教育手段也会进一步完善。课堂规则犹如法律，即使法律制定得再完美，如果没有违法责任的承担方式，也将是一纸空文。试问，没有威慑力的法律，还有谁愿意去遵守？"依法治班"，除了要有规则外，还应包括违纪责任。所以针对班级规则，教师还应该制定一些惩戒措施。

（二）和谐的课堂氛围

1. 创建民主、和谐的师生关系

（1）课堂气氛对教学的影响

和谐的课堂气氛，有利于学生积极地参与课堂教学活动，使得课堂教学生动、活泼地开展；而紧张冷漠的气氛，则会大大地抑制学生学习的热情，使得课堂教学刻板生硬、死气沉沉。课堂管理，是教师的重要教学技能。所谓"亲其师，听其言，效其行"，就说出了建立和谐师生关系的重要性。和谐，是师生之间的情感联系。爱是其中的核心要素，爱需要教师对学生倾注相当大的热情，对其各个方面给予关注，对于后进生尤为如此。教师要与学生取得心灵的沟通，共同分享成功的喜悦，分担挫折的烦恼。和谐的师生关系，是促进学生学习的强劲动力。和谐的课堂环境，是高质量教学的有力保证。

（2）和谐的课堂气氛与师生关系

和谐的课堂气氛，要求建立和谐的师生关系。在英语课堂上的师生关系，大致可以分为三种。第一，上下级关系，英语教师高高在上，学生处于从属的地位，课堂气氛紧张而缺乏活力。第二，完全"平等型"关系，即师生之间没有什么界限，可称兄道弟。这种关系，缺乏教师的权威性，使得有的学生不听教师指挥，影响正常的教学。第三，民主、平等与合作关系，在英语课堂教学中，我们提倡师生之间的民主、平等与合作。民主平等，是师生合作的基础，师生团结合作，教师认真传授，学生积极思考。合作，是实现英语课堂教学促进功能的必要条件。这种合作关系，可以促进学生智力的发展，使学生学会如何学习，并使课堂气氛和谐友好。在课堂上，尊师爱生，是我们提倡的一种师生关系；而师生之间的"敌我"关系，是我们摒弃的。

2. 如何创建和谐的课堂氛围

（1）建立民主、平等的师生关系

教师和学生要建立一种新的关系，从"独奏者"的角色过渡到"伴奏者"的角色，从此不再主要是传授知识，而是帮助学生去发现、组织和管理知识，引导他们而非塑造他们。教师不应以教育者自居，不应以强制的手段来强迫学生服从教师的意志。强制性的教育，不仅容易伤害学生的自信心和自尊心，引起学生对教师的反感甚至恐惧，而且容易扼杀学生对英语学习的兴趣。

在课堂上，教师与学生都是学习与研究的参与者，两者之间的关系是平等的。在课堂规则制定、作业量的控制等方面，教师应该征求学生的意见。在传统的师生关系中，教师总是高高在上的，要求学生尊重教师，却很少注意教师要尊重学生，特别是在对待优等生和后进生的态度上大不相同。此外，在传统的师生关系中，教师是知识的权威者和垄断者，对求知的学生来说，教师就是知识的宝库，没有教师对知识的传授，学生就无法学到知识，学生是被动地接受知识。这种师生关系，是不被当前所提倡的。教师应以人为本，平等地对待每一位学生，对每一位学生都应抱着一份良好的期待，尊重学生的人格，培养学生的自尊心和自信心，帮助他们自我实现，发挥他们的潜能和个性。教师应该做到热爱、尊重和关心每一个学生，使每一个学生都能获得在课堂上展示风采的机会。在这个过程中，教师尤其要善待后进生，更不要有男女歧视。

（2）建立合作互动的教学形式

英语教学是英语活动的教学，是师生之间和生生之间交往互动与共同发展的过程。也就是说，教学过程的本质，是教师与学生以课堂为主渠道互动发展的过程。在这个过程中，教师的作用应该是在尊重学生主体性前提下的组织、引导、咨询和促进作用。合作互动的形式，可以淡化教师"领导者"的地位，使学生的主动性和主体性在小组内得以最大限度地发挥，从而为实现真正意义上的交往互动奠定基础。师生互动的性质和质量，在一定程度上对教学活动效果起着决定性的影响。所以在课堂教学中，应该尽量使每个学生都能参与进来，形成师生互动。

合作互动形式，可以分为三种形式。第一，In Pairs，也是最常用的一种，即以同桌为一个合作学习小组。其优点是随机进行，轻巧便于操作。第二，In Groups，由前后座位四人组成。这种形式，同样有利于操作，尤其适用于连锁问答。第三，Chain Drill，即将桌子的一竖行划分为一组。此形式在单词和句型的复习中，更具挑战性和复杂性。此外，还可以是开放式小组，即由学生自由组合的小组。合作互动的师生关系，有利于形成互助、互勉、互爱和互尊的良好人际氛围，培养学生团结协助的精神，发展学生积极向上和民主科学的良好心理品质。

（3）选择多种形式呈现教学内容

充分利用实物、图片及简笔画，展示教学内容。图片、模型和实物等直观教具，是极好的非条件刺激，而词汇的音形属于信号刺激。在教学中，充分利用这两种刺激对学生产生协同作用，其教学效果是显而易见的。例如，教英语单词，让学生眼看图片和词形、耳听音，能有效地提高课堂教学效率。这是因为学生的多种感官都同时参与了学习活动。随着现代信息技术的发展，CAI课件开始在各门学科中广泛使用。传统意义上的教学方式，正逐步向现代化多媒体教学发展。多媒体具有图、文、声、像、影合一的特点，能使教学变得更加直观和形象，能明显地提高学生的学习，激发学生的学习积极性。多媒体视听同步的功能，显然超过了任何媒体。而在我国目前的英语课堂教学中，没有母语的学习环境，无疑使多媒体成为最佳的教学辅助手段。

（4）合理地运用歌曲、故事、游戏和歌谣巩固教学内容

学唱英文歌曲，对于学习英语的孩子们来说，是多方受益的学习辅助手段。它可以融英语语言学习与娱乐为一体，既可以调动学生对英语课的学习兴趣，为学生创建轻松愉快的教学氛围，又可以培养学生欣赏音乐的审美情趣，同时还可以辅助英语语言、词汇学习和听力训练。英语故事、游戏与歌谣，同样是调节课堂气氛的催化剂。它不仅可以调动各个层次学生的学习热情，而且可以调节课堂的紧张气氛，使教与学在积极主动和轻松愉快的过程中完成。

第三节　课堂纪律管理

一、对课堂问题行为的深层分析

（一）课堂问题行为的类型

课堂问题行为，是指不能遵守公认的课堂学生行为规范和道德标准，不能正常与人交往和参与课堂学习的行为。我国心理学家根据调查研究发现，现阶段，中学生的课堂问题行为具有很大的普遍性，约91.5%的中学生有不同程度的课堂问题行为。其中，经常出现课堂问题行为的学生人数占21.7%，偶尔出现课堂问题行为的学生人数占69.8%。其比例之大，已经不能不引起人们的重视。课堂问题行为，是课堂管理的难点，对课堂教学质量起着举足轻重的作用，是广大教师普遍关心的问题。学生的课堂行为，有多种表现。从课堂秩序和课堂规范的角度来看，学生的课堂行为可以分为三类，即正当课堂行为、不当课堂行为和违规课堂行为。正当课堂行为，是指遵守课堂秩序、合乎课堂规范的行为；不当课堂行为，是指不宜在课堂上表现的行为；违规课堂行为，是指对课堂秩序和课堂规范有破坏作用的行为。其中，不当课堂行为和违规课堂行为，属于学生的课堂问题行为。

在现实课堂教学中，教师对课堂问题行为的判断标准并不统一。不同的教师，对学生行为的感受也是不一样的，这直接决定了教师对问题行为的判断标准。一些教师认为，一些学生总是在未经教师允许的情况下就发言，会扰乱正常的课堂秩序，是一种问题行为；而另一些教师则认为，这是一种情绪激昂、思维敏捷的表现。此外，一些教师会把那些在课堂上总是循规守矩、沉默寡言的学生，作为遵守纪律的榜样；而另一些教师则认为，这是学生思维不活跃、退缩、回避的表现，甚至有精力不集中、"开小差"的嫌疑。

（二）课堂问题行为对课堂的影响

课堂问题产生于课堂，同时又对课堂纪律产生消极影响。不同的课堂问题行为，对课堂的影响也各不相同。具体来说，有直接影响和间接影响两种。

1. 直接影响

有些课堂问题行为，会直接扰乱课堂秩序。例如，打骂、推撞和追逐等侵犯他人的行为；交头接耳、窃窃私语、擅自换座位和传递纸条等过度亲昵的行为；高声谈笑、口出怪音、敲打作响和做怪异动作等故意惹人注意的行为；故意不遵守规定和不服从指挥等盲目反抗权威的行为。这些课堂问题行为，经常会让任课教师头痛不已，使得不少教师花费时间和精力来处理。

2.间接影响

有些课堂问题行为虽不会直接干扰课堂秩序，却会妨碍学生本人的学习，影响课堂教学效果。例如，上课时凝神发呆、胡思乱想、心不在焉和做白日梦等注意涣散行为；胡写乱画和抄袭作业等草率行为；胆小害羞和不与同学交往等退缩行为。这些问题行为，就好像河中的暗流，看似风平浪静，潜在的危险却很大。

（三）课堂问题行为产生的原因

在课堂中，课堂问题行为是经常发生的，涉及学生比较广泛，具有普遍性。学生课堂问题行为产生的原因，主要有三个方面。

1.教师因素

课堂问题行为和任课教师的关系，就如同上下级的关系。任课教师管理班级有方，课堂纪律就好，整个班的班风就正。

（1）课堂问题行为与班主任

许多教师都会发现，在班级教学中有一种现象——"班如其师"，班主任的个性，直接影响班级的风气和纪律。课堂问题行为和任课教师的关系十分密切，尤其是班主任对课堂纪律的影响更大、更直接。经常听到这样的言论："××班课堂纪律真糟糕""只要是她当班主任，这个班的纪律准成问题""对，过去的甲班、乙班、丙班，现在的丁班，全是一个样"等。事实确实如此，有些教师虽然从教十几年，但是其带出来的班一直给人松松垮垮和缺少管教的感觉；而有些教师不管接什么班，不出一个学期，就能来个大变样，这个班级给人的感觉是既整齐又懂事，全班基本步调一致。班主任对课堂问题行为的影响是很大的，有时甚至起决定作用。

预防课堂问题行为，应该从六个方面做起。第一，在全面了解班级中学生的情况后，对座位进行合理的安排。第二，给每个学生设立行为记录卡，由班长或纪律委员负责填写，每周由班主任进行等级评定。第三，以班规的形式明确奖惩措施，做到奖惩有据、有理和有度，实行民主管理。第四，课后与学生、任课教师多交流，以使及时了解情况。第五，尽量多开展一些有利于增强班级凝聚力的活动。第六，注意教育方法的多样性与教育手段的科学性。

（2）课堂问题行为与任课教师

课堂问题行为，与任课教师的关系很容易理解。一方面，任课教师的课上得精彩，学生就爱听。学生的注意力被吸引过去了，问题行为也就少了，课堂纪律自然就好了。另一方面，良好的课堂纪律，可以给教师提供一个舒心的外部环境，使教师的水平得到充分发挥，使得教师把课上得很精彩。要想处理好课堂问题行为与任课教师的关系，首先要处理好任课教师和学生的关系。任课教师只有了解学生的想法，才能处理好与学生的关系。如果任课教师与学生关系融洽，学生爱屋及乌，自然就会喜欢任课教师的课。

那么，任课教师应该如何预防课堂问题行为的出现呢？可以从以下五个方面入手。第一，上课力求生动，内容丰富；第二，作业不要太多；第三，对不同程度学生布置不同作业；第四，对所有学生一视同仁，不偏爱、不忽视；第五，要求学生做的，教师首先要以身作则。

2.学生因素

大量的课堂问题行为，与学生的身心状况直接相关，都是由学生自身的因素引起的。即使同一个年龄阶段的学生，其问题行为也会因身心条件的差异而表现出不同的特征。

（1）学生生理上的障碍

学生视、听、说等方面的障碍，会妨碍学习活动的正常进行，使得学生在课堂上常常出现不敏感、不专心、退缩、低沉，甚至烦躁不安、自行其是等问题行为。此外，学生发育期的紧张、疲劳和营养不良等，也会引起学生在课堂上出现精神不振、担心害怕和神志恍惚等问题行为。另外，学生的神经发展迟缓或神经功能障碍，也会使学生产生"多动症"，导致学生产生注意涣散、活动过度、冲动任性和怪声怪叫等问题行为。

（2）学生的焦虑、挫折和个性等心理因素

学生课堂上的焦虑，通常是由于过多的压力和不和谐的人际关系，以及其得不到他人的尊重、自尊心受到威胁引起的。由于焦虑，学生不仅会出现灰心丧气、顾虑重重和徘徊不定等退缩性问题行为，而且会出现厌烦、烦躁不安和无理发怒等逆反性问题行为。挫折，是在目标或期望受阻而又无法克服时产生的一种紧张状态和情绪反应。挫折会引起学生的情绪波动，使学生产生说谎、欺骗、公开顶撞和故意发泄等攻击性行为，以及压抑、退缩和逃避等行为反应。挫折后的情绪反应，在一定条件下会直接转化为课堂问题行为。学生个性方面的差异，会影响其课堂上的问题行为。例如，性格过于内向的学生，往往容易产生压抑和退缩行为；而性格过于外向的学生，往往容易产生攻击性逆反行为。

3.学生所处的环境

课堂问题行为的产生，除了取决于教师和学生方面的因素外，还与环境影响有关。心理学家关于行为的研究表明，行为是人与环境的函数。这一研究结果，揭示了人的行为与环境之间的内在联系。环境影响，主要包括家庭、大众媒体和课堂内部环境等方面的影响。

（1）家庭

研究表明，父母离异或不和，以及单亲家庭的学生，在课堂上经常会产生孤僻退缩、烦躁不安，甚至挑衅生事等行为。此外，家长的教育方式，也会影响学生课堂上的行为。由于当前的学生都是独生子女，使得不少家长对孩子娇惯溺爱、纵容放任，对孩子的要求百依百顺。这种教养方式，容易使学生产生以自我为中心的心理，甚至玩世不恭、放荡不羁。而有的家长在教育孩子时，采取粗暴严厉、动辄打骂的方式。这种方式，容易使孩子产生弄虚作假、消极对抗，或冷漠孤僻、情绪异常等行为。

（2）大众媒体

在当今信息时代里，社会上各种信息，通过电影、电视、互联网和书籍杂志报纸等多种途径渗透到学校。在大众媒体传播的信息中，并非都是积极、正向的，也有许多诸如暴力、色情、凶杀和追求感官刺激等庸俗、商业性和低级趣味的内容，它们影响着学生的心理发

展。受这些内容的影响，学生耳濡目染、潜移默化，甚至盲目模仿和具体尝试其中的动作与行为。这些行为，成为课堂问题行为重要、潜在的影响因素。美国的帕克等人的研究表明，在生活条件相似的情况下，观看暴力电影的学生比其他学生有更多的攻击性行为出现。彼得森等人对 7 ~ 11 岁学生的调查显示，常观看暴力电视节目的学生，具有更多的恐惧感。此外，这种消极的大众媒体内容，还会使得学生产生性格障碍。

（3）课堂内部环境

课堂内的温度、色彩、课堂气氛、课堂座位的编排方式、班级学生规模，以及班风等，都会对学生的课堂行为产生十分明显的影响。如果课堂中的环境温度适宜、色彩明亮、气氛融洽，学生就可能产生一种愉悦的感受和积极的情绪，从而减少课堂问题行为。相反，如果课堂环境恶劣，气氛紧张，学生就可能会产生懒懒散散的消极情绪，从而增加问题行为产生的可能性。此外，如果课堂中的色彩、温度和气氛等趋于定势，学生的问题行为就会形成习惯，成为无意识行为。不仅如此，课堂座位的编排方式，也与学生的问题行为有关。英国教育理论家威尔达博士曾对课桌椅的排列方式做过观察实验，结果显示，在"直列式"排列时，学生学习努力的程度是"圆桌式"排列的一倍。

综上所述，学生在课堂中表现出来的问题行为，可能是家庭问题行为或社会问题行为的延伸，可能是由学生自身的心理和生理引起的，还可能是不良的课堂教学环境或教师的教学失策导致的。它是与学生的学习、生活环境和社会风气等有关因素相互作用的结果，是各种问题的一种综合性反映。

二、课堂纪律的类型与控制

英语教学质量的提高，最重要的环节是抓好课堂教学。良好的课堂纪律，是成功开展课堂教学的基本保证。由此可见，课堂纪律管理的成功与否，决定着课堂教学的成败和教学质量的高低。为此，对它进行一些尝试性、探索性的研究，就显得尤为重要。

纪律问题，历来是教师的一个难题。对大部分新教师来说，纪律问题更是一个棘手的问题，就是有经验的英语教师也不敢掉以轻心。有时，纪律是教学失败的原因之一。所以抓好了纪律管理，就为抓好英语课堂管理创设了一个重要的前提。课堂纪律控制技巧，也成了英语教师课堂管理能力最重要的方面。

（一）课堂纪律的类型

在教育学上，对课堂纪律的定义是："为了维持正常的教学秩序，协调学生的行为，以求课堂目标的最终实现，必然要求学生共同遵守课堂行为规范，从而形成课堂纪律。"具体来讲，课堂纪律有以下四种类型。

1. 教师促成的纪律

教师促成的纪律，是指在教师的帮助指导下形成的班级行为规范。学生年龄越小，这种纪律越容易养成。在教师新接一个班级的时候，更要注意这种纪律的培养。但课堂纪律仅是靠教师促成的，还没有内化为学生的自觉行为，这样的课堂纪律，有很大的可变性和不稳定性。

2. 集体促成的纪律

集体促成的纪律，是教师促成的纪律内化的一种表现形式。当遵守课堂纪律已经成为周围学生的自觉行为时，集体促成的纪律也就形成了。这样的纪律，有较强的稳定性，一般不会因为教师的不同或学科的难易产生大的变化和波动。对班级而言，这是比较理想的纪律形式。平时喜欢捣乱的学生如果转学到这样的班中，会发觉自己的行为和周围学生不一样，他的鬼脸和插嘴迎来的不是大笑或呼应，而是鄙夷和愤怒。这时，他们就会静下心来思考，调整自己的行为，让自己和集体步调一致。这样的课堂纪律，对个别学生问题行为的改造作用是十分明显的。

3. 任务促成的纪律

任务促成的纪律，也是一种比较常见的课堂纪律形式。它的形成，和学生面临的任务有直接关系。它有可能随着任务的出现而出现，随着任务的结束而消失，也有可能会持续。学生不仅有很强的好胜心和求知欲，而且有一定的自觉性和可塑性。他们的好胜心一旦被点燃，自觉性一旦被激发，可塑性一旦被利用，班级的潜能就可以被挖掘出来。在任务当前时，人们在思想上和行动上都会特别重视，学生也不例外。只要教师让他们明确任务的重要性和意义，他们也会全力以赴，争取有一个好结果。许多教师都有这样的体会：临近期中或期末考试的时候，课堂纪律明显好了许多，大家对学习变得特别重视。显然，是考试的任务让学生感受到了压力和动力，所以他们的课堂纪律会在短时间内有所好转，但这种好转会随着考试的结束而消失。

4. 自我促成的纪律

自我促成的纪律，也就是人们常说的自律。课堂纪律，虽然是一种集体行为的表现，但这种集体行为和个体行为有着密切的关系。自觉性强和自律性好的学生，在任何班级中都能认真上课，周围的环境对其影响不大。心理学上认为，一个学生自律性的强弱，不仅与他的性格有关，而且与他从小生活的环境，以及所受的各种教育有着更密切的关系。自我促成的教育的形成过程，是比较漫长和缓慢的，但一旦形成就能受益终生。

（二）课堂纪律的控制

在英语课堂教学活动中，纪律起着保障的作用。没有纪律，英语课堂教学就无法进行，更谈不上提高英语课堂教学效率。因此，纪律管理，是英语课堂管理最重要的环节。

1. 突然发问

当英语教师发现有些学生不专心或捣乱时，可以突然问他一个问题。这个问题，可以是教师刚刚讲过的，只要注意听一定会答上来，但也要有一定的难度。这样，会引起捣乱学生的重视，使其不敢再不专心。一般来说，这样的学生常常回答不上来。在学生回答不上来时，教师万不可讽刺挖苦，否则会引起副作用。采取突然发问的目的，是提醒学生，停止不良行为，认真听讲。

2. 停止讲课

在英语课堂上，如果教师发现有学生捣乱，严重影响课堂纪律，英语教师可立即停止讲课片刻，并注视那位学生。这样，不仅会引起全班学生的注意，而且会引起那位捣乱学生的重视。但教师要注意停止讲课的时间不可太长，否则会影响全班学生的学习，引起公愤。当然，如果学生的违纪行为对班级授课没有大的影响，教师就不必使用这种策略。这时，教师可以用表情或动作示意，提醒违纪学生。

3. 适当的惩罚

教师要谨记，无论在什么情况下，惩罚一定要适中且不可过火。同时，惩罚一定要尽量少用。例如，如果教师发现一名学生有意将桌椅推翻，这时教师就要采取教学中的惩罚方法。具体来说，可以采取以下两种。一是进行心理辅导，做好思想工作，而不是大发雷霆，训斥和责骂学生。二是让这名学生把桌椅重新摆好。这样，违纪学生才会心服口服。相反，如果教师以此为由，将学生赶出教室或请领导、请家长和公开张贴布告等，这样会严重伤害学生的自尊心，从而使他产生"破罐子破摔"的心理，与英语教师走向对立面。过分严厉的惩罚，常常会使学生产生不良行为，并招致学生的怨恨和反感。体罚会使学生憎恨教师，并对教师采取对抗态度。好的教师，从不体罚学生，但教学效果同样好。有些英语教师认为，有些违纪学生是孺子不可教也。其实不然，这些学生也有思想、有感情。只要教师的心理工作做得好，同样会收到理想效果，英语教师绝不能因学生违纪而讽刺、挖苦或瞧不起学生，而应鼓励学生好好学习，要尽量从轻处理学生在课堂上的不良行为，给他们改正的机会，不要一棍子打死。

4. 课后处理

有时，有些学生在课堂上捣乱，如果这些行为不足以扰乱教师的讲课，教师可以暂时不予理会。等到下课后，再找学生了解情况，询问原因，对症下药，做好细致的思想工作。这样，教师在课堂上既照顾到了大部分学生的利益，又避免了因学生违纪而影响了教师上课的情绪。对于违反课堂纪律的学生，无论教师采取什么样的制止措施和方法，也不管学生违反了什么纪律，在课后，教师一定要找学生本人进行个别谈话。在谈话中，教师应该和学生一起分析发生事件的原因和利害关系，以及它的严重性和危害性，并告诉学生如何纠正这种行为，以使学生今后在课堂上专心听讲。对于课堂纪律中出现的一些现象，英语教师要根据心理学原理，对学生进行认真、细致的思想工作，要动之以情、晓之以理，使他们体会到教师的关心爱护，让他心服口服，从而决心改正。此外，教师还要做到持之以恒，导之以行，坚持心理辅导，使学生能自觉、认真地学习英语。

参考文献

[1] 陈文英 . 初中英语课堂游戏设计与实践基于人教版教材 Go for it！的英语游戏教学活动 [M]. 广州：华南理工大学出版社，2018.08.

[2] 范文芳，庞建荣 . 英语听说教学论 [M]. 南宁：广西教育出版社，2018.12.

[3] 陈自鹏 . 英语高效教学论 [M]. 南宁：广西教育出版社，2018.12.

[4] 兰春寿，谢朝群总主编 . 英语文学阅读思维型教学模式研究 [M]. 北京：外语教学与研究出版社，2018.01.

[5] 李蔓 . 英语课堂教学启示录 [M]. 沈阳：辽海出版社，2018.12.

[6] 赵莎莉，王晓明 . 英语阅读教学研究 [M]. 北京：中国纺织出版社，2018.07.

[7] 宋相瑜，黄敏，龚丽霞 . 英语教学与创新思维 [M]. 长春：吉林美术出版社，2018.03.

[8] 陈耀忠，施晓红 . 基于多元评价的课堂教学实践与研究 [M]. 上海：学林出版社，2018.06.

[9] 王蔷，胡亚琳，陈则航 . 基于学生核心素养的英语学科能力研究 [M]. 北京：北京师范大学出版社，2018.11.

[10] 亓鲁霞 . 全国基础教育阶段英语科监测系统的后效研究 [M]. 北京：外语教学与研究出版社，2018.06.

[11] 闫志洁，杜俊秀，谯菊梅 . 初中英语词汇学教学策略探讨 [M]. 长春：吉林人民出版社，2019.12.

[12] 孟碧君 . 指向核心素养的初中英语课例研究 [M]. 杭州：浙江大学出版社，2019.12.

[13] 陆蓓主 . 初中学校课程领导力提升策略的行动研究 [M]. 上海：同济大学出版社，2019.02.

[14] 束定芳 . 英语教育与教学研究第二辑 [M]. 上海：上海外语教育出版社，2019.

[15] 汪艳，林立 . 在研究中成长的中学英语教师 [M]. 北京：首都师范大学出版社，2019.11.

[16] 吴友富，王治高 . 全国外国语学校外语教学研究 [M]. 武汉：武汉大学出版社，2019.06.

[17] 李箭，周海明. 基于学科核心素养的英语教学课例研究 [M]. 上海：华东师范大学出版社，2019.

[18] 方敏. 教育创新 [M]. 北京：首都师范大学出版社，2019.02.

[19] 张怀斌. 基础教育与教学研究 [M]. 西安：陕西师范大学出版总社，2019.09.

[20] 李文萱. 指向学科核心素养的课堂教学范式 [M]. 上海：华东师范大学出版社，2019.06.

[21] 张光明. 中学英语核动力特色教学 [M]. 南京：译林出版社，2019.03.

[22] 赵尚华. 初中英语课堂教学关键问题研究 [M]. 上海：上海教育出版社，2020.04.

[23] 魏创文. 基于学科核心素养的中学英语课堂教学建构 [M]. 北京：现代出版社，2020.06.

[24] 钟炳芳，李玲，孔令翠. 英语学科知识与教学能力初级中学 2020 版 [M]. 重庆：重庆大学出版社，2020.08.

[25] 袁铎. 学科教学论教师课程育人与理论创新研究 [M]. 广州：暨南大学出版社，2020.10.

[26] 牛忠光，杨惠芳. 外语教育探索与研究第 2 辑 [M]. 武汉：武汉大学出版社，2020.12.

[27] 李双军，魏芳，周采玉. 中学英语教学研究与实践 [M]. 长春：吉林人民出版社，2020.04.

[28] 刘丽平，罗明礼，孔令翠. 英语学科知识与教学能力：2020，高级中学 [M]. 重庆：重庆大学出版社，2020.05.

[29] 郭鸿雁，周震. 新时代外语教学改革 [M]. 银川：宁夏人民教育出版社，2020.08.

[30] 朱波. 学生核心素养视角下的英语学科能力研究 [M]. 北京：北京理工大学出版社，2020.06.